ブルクミュラーで指揮法入門

山本訓久
Norihisa Yamamoto

序

安田 寛
音楽学者、奈良教育大学名誉教授

　全知全能の神のごとき指揮者には秘密がある——。指揮とは演技である。
　人気コミック『のだめカンタービレ』に登場する千秋真一が最初に振るベートーヴェンの交響曲第七番は、いきなり力強い主和音ではじまる。千秋がカラヤンであったなら、そしてオケがベルリン・フィルくらいのレヴェルであれば、祈るようにさりげなくバトンを振り下ろすだけで、勝手に主和音を奏してくれる。指揮とはマジシャンのように演技することらしい。ベルリン・フィルやニューヨーク・フィルであれば誰にだって指揮できることは、不世出のコメディアン、ダニー・ケイが、ニューヨーク・フィルを相手に抱腹絶倒の棒を振るって、みごとに証明してくれたではないか。もっともそれは、陰に真の指揮者であるズービン・メータがいたからであったのだが。
　まこと、舞台に出るまでが指揮者の仕事、である。音楽用語やさまざまな不思議な記号に満ち満ちた楽譜をまず正確に読む「譜読み」とよばれる仕事に始まり、疑問があれば作曲家の自筆譜にいたるまで諸版をたどって確認し、楽曲を解剖し、悠久の音楽史に関連をたどり、類似曲を挙げ、楽器の由来と構造と曲との関連を読み解き、曲名にこめられた意味をあれこれ詮索し、しょせんは記号でしかない作品を自分自身で編みあげたストーリーへと流しこむ。
　このストーリーがなければ指揮は体操にすぎない。齋藤秀雄が到達した原理である「平均運動」「しゃくい」「叩き」という基本となる３つの運動は、ストーリーを全身全霊の律動として演じることに行き着く。指揮者とはこれを演じきることができるミューズの代理人である。なぜなら、律動とはもともと

神々の領域にあり、すべての芸能がこの根源から流れ出しているからである。著者は、フランスの華麗で優雅なバレエの動きがたっぷりとしみこんだブルクミュラーの25の物語を、ホールの残響まで計算し、自身の苦労話もまじえてみごとに演じてくれる。読者は、ダニー・ケイの背後に立つメータになって、手が、身体が、気持ちよく動いてしまうのである。

「普通拍子ニ於テハ、手或ハ足ヲ以テ、各一小節ノ初部ニテ下ゲ、其第三部ニテ上ク可シ」(大村芳樹著『音楽之枝折 上』、執筆：1887／出版：1888)

明治20年（1887）に始まった日本の指揮法が、それから130年後、この平易で万人必携の音楽百科全書に結実したことを心から祝いたい。

はじめに

　本書はフリードリヒ・ブルクミュラー（Friedrich Burgmüller, 1806～1874）の《25の練習曲（25 Etudes faciles et progressives, conposées et doigtées expressément pour l'étendue des petites mains)》op.100（1851）を指揮法のテキストとしてもちい、楽曲分析、楽曲の背景および指揮法のテクニックとポイントについて解説したものである。

　「ブルクミュラー」。日本でピアノを学んだことのある人ならば、その名前をおそらく一度は聞いたことがあるだろう。その知名度とピアノ教育のなかでの楽曲の浸透度はきわめて高い。初版の刊行いらい160年余をへてなお、彼の《25の練習曲》がもちいられる理由は多々あるが、まずはその標題音楽的なタイトルとそれにフィットした音楽の内容が大きいだろう。そしてなによりも美しい旋律線と沸き立つリズム、平易で簡潔な和声や形式など、とにかく音楽の内容がわかりやすく親しみやすい。
　「なぜブルクミュラーで指揮法か？」と不思議に思われる方も多いだろう。じつはブルクミュラーは、以前から指揮法の教材としてしばしばもちいられてきた。そういう私自身も指揮を学びはじめた最初のころ、ブルクミュラーの楽曲でレッスンを受けた記憶がある。
　自分が教える立場になった現在、このブルクミュラーの曲集を、私は機会あるごとに取り上げている。現職の先生方のための講習や大学での授業、レッスン、指揮法ゼミなど、その回数は年を追うごとに増えている。実際にテキストとして使ってみた感想をいえば、25曲を通して何度繰り返してレッスンしても、

音楽の内容がヴァラエティに富んでいてとにかく飽きるということがない。受講者からも「イメージをつかみやすい」「音楽がわかりやすい」と好評だ。それをなんらかのかたちでまとめておこうとメモを取りはじめたのが、本書執筆のきっかけである。

　指揮の学習においてとくに重要なのは、まず楽曲の様式やフレーズの構造などの基本を学ぶことであるが、ブルクミュラーの楽曲はそれらが平易かつ簡潔、しかも明快であり、楽曲分析の入門用テキストとしてもひじょうにすぐれている。とくに、指揮の初学者にとっては和音の連結や借用和音について理解することがなかなかむずかしいのだが、この曲集では、ピアノを学ぶ子どもたちを意識して書かれているためか、ハ長調やト長調、ヘ長調など、おもにシャープやフラットの少ない調が選択されているので、和声の理解へのサポートがたやすく、独習にも適している。

　さらに、ある曲を指揮で実際に表現するさいには、楽曲にたいして自分なりのイメージをもち、それをもとにアンサンブルを整え、指揮のかたちに具現していかねばならない。そこでのイメージの裏付けとなるのが分析力である。イメージの裏付けが明確だと、演奏家にたいする説明にも説得力が出る。そのためのお手伝いをするのが本書である。人前でなにやら図形を描くことだけが指揮ではないのである。

　さて、前置きはこれくらいにしておこう。そろそろみなさんと一緒に、いつものレッスンとはひと味違った「ブルクミュラーの小宇宙（ミクロコスモス）」をひもといていこうではないか。

目　次

序 ··· 002
はじめに ··· 004
本編に入るまえに ·· 008

ブルクミュラー《25の練習曲》op.100
楽曲分析と指揮の実践 ··· 011

1. 純真さ（素直な心）　La candeur ·· 012
2. アラベスク　L'arabesque ·· 024
3. パストラーレ　La pastorale ·· 037
4. 小さな集い（子どもの集会）　La petite réunion ···························· 050
5. 無邪気　Innocence ·· 059
6. 進歩　Progrès ·· 069
7. 澄みきった流れ（清い流れ）　Le courant limpide ·························· 076
8. 優雅な人（優美）　La gracieuse ·· 083
9. 狩り　La chasse ··· 090
10. やさしい花　Tendre fleur ··· 102
11. せきれい　La bergeronette ··· 112
12. 告別（別れ）　L'adieu ·· 121
13. なぐさめ（コンソレーション）　Consolation ·································· 132
14. シュタイアーの舞曲（シュタイアーの踊り）　La Styrienne ············· 139
15. バラード　Ballade ··· 150
16. ひそかな嘆き（小さな嘆き）　Douce plainte ································· 159
17. おしゃべりな人（おしゃべり）　La babillarde ······························· 167

18.	気がかり（心配） Inquiétude	173
19.	アヴェ・マリア　Ave Maria	181
20.	タランテラ　La tarentelle	186
21.	天使の音楽　L'harmonie des anges	194
22.	バルカローレ　Barcarolle	204
23.	帰還（再会）　Le retour	214
24.	つばめ　L'hirondelle	224
25.	乗馬　La chevaleresque	232

全25曲のまとめ ……………………………………………… 246

おわりに ……………………………………………………… 248
参考文献表 …………………………………………………… 251

本編に入るまえに

楽曲分析の実践

　指揮に必要なのは、まず楽曲分析である。前著『学ぼう指揮法 Step by Step』（アルテスパブリッシング、初版：2008／新版：2016）でもふれたが、それが私たちの「指揮台に上がる前の仕事」となっている。
　ここでは実際の楽曲分析に入るまえに、和声の進行にかんする2つの重要なポイント、「カデンツ」と「保続音」について簡単に説明しておきたい。それらへの理解は今後の楽曲分析の実践にきわめて重要な意味をもつからである。

●──カデンツ

１．カデンツ（独：Kadenz、伊：cadenza）：終止形、終止定式
　和声上の特徴を見きわめるのに重要なポイントとなるのが、和音間の連結である。カデンツは、文章と同じく音楽のフレーズに存在する句点（。）やピリオド（.）、また読点（、）やコンマ（,）のような句切りを意味している。

２．カデンツの種類
　カデンツには以下の4種類がある。

全終止：フレーズの大きな句切りを示す。文章における句点（。）、ピリオド（.）にあたる。　例：Ⅰ〜Ⅴ$_7$−Ⅰ
半終止：中休みのような句切り。文章における読点（、）、コンマ（,）にあたる。　例：Ⅰ〜Ⅴ
偽終止：フレーズの句切りと見せかけておいて、じつはⅠの代理の和音（Ⅵな

ど）をもちいて肩透かしを食わせる（フェイントの効果）。　例：Ⅰ～Ⅴ₇－Ⅵ
変格終止：代表的なものは讃美歌の最後にもちいられるⅠ－Ⅳ－Ⅰで、そこに「アーメン」の歌詞が付けられていることから通称「アーメン終止」とよばれる。

◉──保続音

　保続音（Orgelpunkt（独）＝オルゲルプンクト、organ point（英）＝オルガン・ポイント）とは、他の声部が動いているあいだ、あるひとつの声部（バス声部のことが多い）が持続されることをいう。元来はパイプ・オルガンの演奏様式で、ペダル（足鍵盤）でバスの音を長く保持しながら、上声部をさまざまに動かす演奏法に由来しており、ペダル音ともいわれる。保続音は、主としてⅠ（主音）やⅤ（属音）のバスでおこなわれる。

本書における楽譜の扱い

　本書ではブルクミュラーの《25の練習曲》を第1番から第25番まで順に解説していくが、掲載した楽譜に記した書き込みは、あくまでもそれぞれの楽曲を分析・考察してゆくための手引きと考えてほしい。実際にレッスンの場でもちいたり自分でさらに学習を進めたりするさいには、ピアノ用の大きなサイズの楽譜を手もとに置き、自分でもあらたに鉛筆で書き込んだうえで実践に備えるべきである。

メトロノーム記号について

　《25の練習曲》に記載されたメトロノーム記号は、概して速いものが多い。この数字は元来、ピアノ学習者の練習の目安として記載されたものである。この曲集を「指揮法レッスンの教材」としてとらえ、演奏者を介して音楽をつくっていく指揮の学習形態を考慮に入れると、メトロノーム記号の数字に左右されず、各人で音楽とテンポについて考えていくことがのぞましい。したがって、ここではあえてメトロノーム記号を記載しないことにした。

指揮法におけるテクニックの用語と図解

　本書ではいわゆる「齋藤指揮法」による指揮法テクニックの分類をもちいて解説している。それぞれの図形やテクニックの詳細については、本書の初級編に相当する『新版 学ぼう指揮法 Step by Step』（アルテスパブリッシング、2016）を参照していただきたい。

ブルクミュラー《25の練習曲》op.100
楽曲分析と指揮の実践

1.
純真さ（素直な心）　La candeur

楽曲分析

●──カデンツと保続音

　ここでは〈純真さ〉における主要なカデンツ、保続音および借用和音に着目して分析していくこととする。

T. 1～4（「T. ○」は小節番号を示す）：アーメン終止とⅠの保続音
　この《25の練習曲》第1曲で最初にもちいられたカデンツは、Ⅰ－Ⅳ^2－Ⅰの「アーメン終止（変格終止）」である。しかも冒頭4小節間がⅠの保続音上でのアーメン終止であるから、ずっと引き延ばされるバスのc音（音名はドイツ音名による、以下同じ）を中心とした3声による讃美歌風のカデンツがシンプルに鳴り響く。その美しいコラールの上で川の流れのように流麗な旋律が紡がれていく、というのが出だしの特徴である。
　ここでアーメン終止をもちいたねらいは、まずはありきたりのカデンツでなく、Ⅳの「素朴さ」「明るさ」「親しみやすさ」をもつ響きでもって曲をスタートさせようとしたのではないか[1]。加えてバス声部がⅠの保続音で4小節間動かないことから、音楽の流れと響きに安定感がある。

T. 5～8：半終止のカデンツ
　カデンツの始まりとともに *cresc.* が書きこまれている。音楽的に緊張が高

---

[1]──島岡譲はⅣの和音について「やさしい女性的な感じ」と記している。『和声と楽式のアナリーゼ』（音楽之友社、1964）、p.10。

まるのは、半終止のひとつ前の和音から半終止に解決する部分である。そこでもちいられているのが属調・ト長調からの借用和音（$\overset{\lor}{V}_7$）だ。下から 2 番目の声部においてハ長調には存在しない fis が鳴ることにより、次の g への解決の期待が高まる。そして T.8 での半終止 V の和音がフレーズの読点にあたり、「ホッとひと息」というところであろうか。

T.9〜12：Vの保続音

　第 2 の保続音は T.9 に現れる。楽曲の構成上 B に相当するこの部分の出だしは、その前の半終止を受けて V の保続音で始まっている。ここでドミナントの緊張感はさらに高まっているといってよい。したがって、じつのところ「ホッと一息」どころではないのだ。

　ここでのあらたな特徴は、ソプラノ声部とバス声部との呼応である。楽曲冒頭のソプラノ声部優位の構成から一転して、T.9〜10ではソプラノの下行に対してバスは上行というように、たがいに対等に旋律を主張しあうかたちとなっている。また T.10ではバス声部にはじめて単独の動きが現れ、また T.10、12において *cresc.* をともなうフレーズを創り出し、次なるフレーズの頂点を準備しているのである。そして音楽の高まりはさらに続く。

●──楽曲の頂点、借用和音の使用

T.13〜16：借用和音（準固有和音[2]）と全終止のカデンツ

　この部分はふたたび保続音にとらわれないフレーズとなっているが、その意味はきわめて明白だ。ここでの全終止カデンツは、これまでにない減七の和音（$\circ\overset{\lor}{V}_9$）を含むダイナミックな和声と表情ゆたかな旋律線がもちいられており、楽曲全体の頂点となっているからである。

●──和声についての２つの解釈

　T.13の和声については、以下のように２つの解釈が考えられる。
　ひとつは、１小節をとおして減七の和音が鳴っているという考えである。最

---

[2]──借用和音の一種。長調でもちいられる同主短調からの借用和音のことをいう。

初の2拍のソプラノ声部は、後半の拍に行くための掛留音と考える。それはコードネームでいうところの sus 4（サスペンデッド・フォース：掛留された4度の意）であり、ソプラノ・パートの g^2 が非和声音となっていて、次の拍で fis^2 に下行することで減七の和音本来の響きとなる。通常はこの解釈であろう。

もうひとつは、この小節内にふたつの独立した和音があるとの考えである。最初の和音はハ長調の属調であるト長調のIIの準固有和音 $\circ II_7$（$\circ II_7$）、そして2番目は同じく属調の V_9 の根音省略形の準固有和音（減七の和音 $\circ \overset{\text{\it \o}}{V}_9$）である。この2番目の和音が、全終止カデンツのきっかけとなるいわゆるドッペルドミナントの和音[3]である。楽曲全体の頂点も、この減七の和音から次の和音（T.14）に連結する部分にあると考えられる。

●──頂点における旋律の分析

ここでの旋律線について分析しておこう。まず T.13 の旋律線は、この楽曲冒頭の旋律を援用するかたちになっているが、冒頭との大きな差異は、まず2分音符単位でテンションの高いコードが鳴り、その響きが引き延ばされているなかからメロディ・ラインが聴かれるように仕組まれているところである。そして続く T.14〜15 では、旋律に多くの倚音[4]を盛りこむことで、きらびやかな頂点を形成することに成功している。

●──コーダ

T.18〜23：Iの保続音

T.18 から終結までの6小節間がこの楽曲のコーダである。ここでは、楽曲を終了するためにI（トニカ）の保続でもって再度フレーズの流れの安定をはかっている。バス声部が途切れたり、旋律にまわったりすることはあるが、事実上6小節にわたって主音が保続されているとみてよいだろう。

---

[3]──Doppeldoninant（独）：属調のドミナントの和音。例：ハ長調の楽曲であれば、ト長調のVのこと。

[4]──和声音に隣接し、後続の音へ順次進行して和声音に解決する非和声音のこと。

T.18〜23：借用和音と変格終止

　T.18は通常の分析であれば、属九の和音の根音省略形（準固有和音なので減七の和音）である。しかしながら、ここではⅣの付加四六の和音（同じく準固有和音）と分析しておこう。なぜなら、この和音の響き自体がT.2でもちいられたⅣの和音（長三和音）への対照としてⅣの準固有和音＋付加四六（○Ⅳ+$^6_4$）をもちいていると解釈することも可能だからである。

● ── ストーリーの起承転結

　この項の最後に〈純真さ〉全体の流れを見とおしてみよう。まず冒頭4小節の8分音符の連続で、川の流れのようなフレーズが紡ぎだされており、それがストーリーの原点である。続く4小節ではカデンツが半終止に向かうことで、曲全体の基本路線がほぼ確定をする。

　B 8小節目からはソナタ形式の展開部のごとくに、それぞれの要素が対話しながら盛り上げてゆき、減七の和音の登場をもって、ついに音楽は頂上に到達する。

　そしてコーダ。冒頭に似た懐かしいハーモニーを繰り返しつつ、最後はバスによる冒頭の旋律の反行でもって静かに曲を結ぶ。たった22小節（第2括弧を含めて23小節）のなかにきわめてバランスのよい「起承転結」（小節数：起4－承4－転8－結6）を見ることができる。

　この第1曲〈純真さ〉はあとに続く24曲への前奏曲ともいうべき楽曲であるが、ここでの最初のカデンツと最後のカデンツでもちいられているⅣを中心とした変格終止（アーメン終止）と多用されている保続音（オルゲルプンクト）は、たんにこの楽曲の特徴であるだけでなく、これから始まる《25の練習曲集》全体を解くカギとなることであろう。

La candeur
純真さ（素直な心）

指揮法テクニック
- 1小節2つ取り
- 平均運動
- しゃくい

楽曲の構成
- ハ長調、4分の4拍子
- 2部形式：A（8）＋B（8）＋コーダ（6）

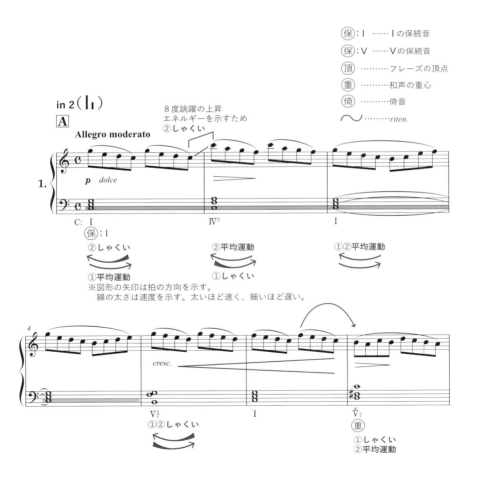

1．純真さ（素直な心） La candeur | 017

楽曲の背景

●──邦訳タイトル「素直な心」とは？

　ブルクミュラーは1806年、ドイツのレーゲンスブルクで生まれたが、28歳（1834年）以降はパリに居住して作曲家およびピアノ教育者として活躍し、名声を得た。この《25の練習曲》op.100（1851）のタイトルがすべてフランス語で書かれているのは、そのためだろう。

　ここでは、まず第1曲〈La candeur〉に広くもちいられている邦訳タイトル「素直な心」について、原語のフランス語に立ち戻って検討してみたい。辞書によれば「率直」「純真」「純情」とある。口語的には「世間知らず」「お人好し」のようにももちいられる。語源であるラテン語の名詞 candor には「公平無私」「率直」「正直」という意味がある。ちなみにL. バーンスタインの有名なミュージカル《キャンディード》[5]の主役キャンディードも、candor の類語であるラテン語 candidus（形容詞）から来ている。こちらには「輝かしい」「まっ白」「公正」などの意味があり、原作であるF.-M. A. ヴォルテールの小説においては主人公カンディードの「無邪気」で「天真爛漫」な性格を表しているという。

●──訳語のニュアンス

　「素直な心」という訳語のニュアンスは、どちらかというとプラス志向である。子どもたちの練習曲のタイトルとしてはふさわしいと思うが、元来はどのようなニュアンスだったのか。パリ在住の友人にたずねたところ、先に述べたように、やはり口語的には「素直」というよりはむしろ「子どものように正直だけど、少しお人好し」というニュアンスが近いようだ。ちなみにこの曲集初の日本版（1940）の訳では、第1曲のタイトルは〈正直〉[6]であったが、こち

---

[5]──原作はフランスの作家 F.-M. A. ヴォルテール（1694～1778）による小説『カンディード、あるいは楽天主義説（Candide, ou l'Optimisme）』（1759）。
[6]──現存する最古の日本版は昭和15年（1940）、好樂社の「模範ピアノ樂譜」シリーズの一環として出版された。

らのほうが原語のニュアンスに近い訳語なのかもしれない。

● ──「純真さ」という訳語について

「純真さ」（あるいは「正直」「純真」）を文字どおりに解釈すれば、この楽曲においては、「川の流れのような旋律がどこまでもよどみなく同じように流れていく」様子を表しているとでもいえようか。「流れるように美しく演奏しなさい」ということかもしれない。いっぽう、ここではあえて日本の古典からのたとえを挙げておこう。「行く河の流れは絶えずして、しかももとの水にあらず」（鴨長明『方丈記』冒頭より）

大切なのは、後半の「しかももとの水にあらず」のくだりである。流麗な旋律はずっと同じように弾いていればよいというものではない。ここでの旋律線はいずれも単一の動機[7]から生まれているため、おおよそが似かよっている。しかしそれらを何の変化もなしに同じように扱うのではなく、そのなかでハーモニーを吟味しながらコントラストを付けて弾いていく、また保続音を感じとることでフレーズを大きな単位でとらえる、さらにフレーズの頂点を感じて演奏する──など、これまで分析してきたことに留意しながら演奏してこそ、たんに「純真」なだけでなく「生き生きとした演奏」ができるといえるのである。

指揮のポイント

この楽曲の特徴であるコラール風ハーモニーと流麗な旋律を生かすために、ここでは1小節を2つ取り（＝ in 2）する。楽曲全体を通じてレガートの音楽なので、指揮法テクニックとしては「平均運動」と「しゃくい」がふさわしいだろう。まずはこれらの図形の基本を覚えてほしい（図1）。

以下は指揮のポイントである。「平均運動」は等速の運動であり、「しゃくい」は、それに加速・減速をともなう「振り子の運動」あるいは「ゆるやかな

---

[7] ──動機、モティーフ（独：Motiv、英：motif）：旋律を構成する最小の音符のまとまり。

ブランコの動き」をイメージするとよい。

図1　2拍子での「平均運動」と「しゃくい」

a. 平均運動

b. しゃくい

T.1〜2：開始のための予備拍は中央から左側に取る。曲のテンポ1拍（in 2なので2分音符1個ぶん）でブレスをしつつ、予備拍から「平均運動」で振りはじめる。心のなかでのカウントは「①ト、②ト」（以下、小節内の各拍について「1拍目＝①」のように示す）であるが、旋律線が8分音符単位なので、1拍にたいして8分音符4個を基本単位としてビートを感じるようにしよう。

　T.1の最後の音からT.2のはじめにかけて1オクターヴの跳躍がみられる。この跳躍の上昇エネルギーを「しゃくい」で示す。その後すぐに *decresc.* があるので、②からふたたび「平均運動」に戻る。

T.5〜6：*cresc.* にともない「しゃくい」。

T.7〜8：T.7の1拍目は「しゃくい」、点後[8]は *decresc.* し、②「平均運動」。T.8は半終止である。②で穏やかに着地し、同時に次のフレーズのためにブレス。

T.9〜12：この4小節間は最初の2小節の繰り返しであるから、T.11で再度 *p* に戻ると考えてよいだろう。版によってはT.9を *mf*、T.11を *p* のようにエコーの効果として編纂しているものもある。本書では初版にしたがってフレーズ全体を *p* のままとしたが、改訂版でのエコー効果を取り入れてコントラストをつけるのもおもしろい。試してみるとよいだろう。

---

[8]──点前、点後：齋藤秀雄による指揮法（以後「齋藤指揮法」と略す）の用語で、各拍の打点の前を点前、後を点後とよぶ。

T.10および12にあるバス声部にたいしては、左手で合図（アインザッツ）およ び *cresc.* を示すことができるとよい。そのさい有効なのが「しゃくい」である。*cresc.* の場合は、基本的に振り子あるいはブランコの遠心力のエネルギーをイメージしてほしい。しかしT.10、12では *cresc.* の結果、次の小節でふたたび *p* に戻るので、その *subito p* のための指示を T.11、13の①点前で的確に出さなければならない。

T.13〜16（17）：T.13〜14①まで各拍に *decresc.* があるが、フレーズ全体の頂点はT.14にある。ここでは、むしろ頂点に向けて *cresc.* するような気持ちで音楽を運んでいくことが必要であろう。そのためには、T.9〜16（17）まで8小節間をひとつの長いフレーズととらえてほしい。

T.18〜23：ここからはコーダである。T.18および20に1小節内で2回 *decresc.* の表示があるが、ここではいずれも裏拍からの3度順次下行する「レ・ド・シ」およびその反行であるバス声部の上行形「ミ・ファ・ソ」を意識しつつ、穏やかに振っていこう。

T.21②、T.22②：バス声部の入りにたいして、アインザッツを出したほうがよい。そのさい2回目には *riten.* があることをどうぞお忘れなきように。

4分の4拍子での「平均運動」「しゃくい」練習のための補足

　次の楽譜1ｂは、4分の4拍子での「平均運動」「しゃくい」の指揮法練習のための補足である。ここでは原曲の8分音符中心のフレーズの流れを16分音符に変換して書きなおし、4拍子（in 4）での「平均運動」と「しゃくい」の練習課題とした。

　音そのものはいっさい変更していないが、結果として本来の小節数の半分になっていて、フレーズの流れに多少の齟齬が生じているのも事実である。しかしながら、ここは物理的に4拍子での「平均運動」と「しゃくい」の練習ととらえていただきたい。指揮するさいには1拍のなかに16分音符4個を感じとり、やわらかく流れるような16ビートの音楽としてとらえよう。音楽的な留

意点は、原曲と同じである。

　またここでは、先にふれた改訂版での *mf* → *p* のコントラストを、あえて取りこんでみた。表現の差異について考慮しつつ指揮してみてほしい。

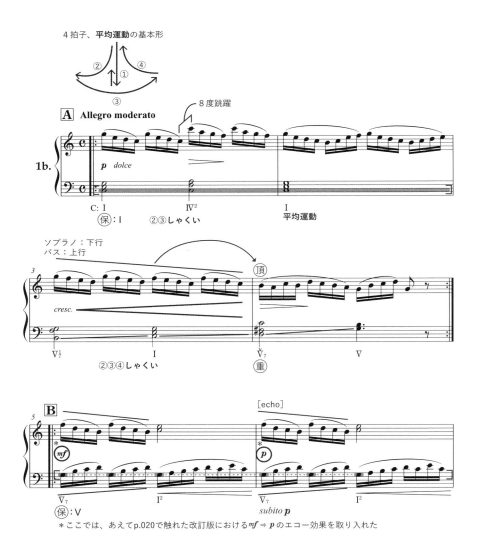

1. 純真さ（素直な心） La candeur

2.
アラベスク　L'arabesque

楽曲分析

●──Ⅰの保続音

　前曲と同じように、ここでも保続音が効果的に取り入れられている。まず序奏（T.1〜2）から主題の前半部分（T.3〜6）を通して6小節間がⅠの保続音となっている。
　この楽曲は3部形式で書かれており、再現部 A においても同じ部分で保続音は聴かれる。A ではフレーズ後半はハ長調に転調しているが、再現部に転調はない。そこではイ短調のままバスの保続が楽曲の終結まで12小節間ずっと続く。伸びやかに5度上行する旋律線にたいしてバス声部が固定されていることにより、伴奏リズム、ひいてはフレーズ全体、楽曲全体に安定感をあたえられているといえる。

●──変格終止のカデンツ

　A に現れる最初のカデンツもまた、前曲と同じくアーメン終止（変格終止）である。スラヴ民族系の民謡などではⅠ−Ⅳ−Ⅰの連結がよくみられるが、ここでⅠ−Ⅳ−Ⅰのカデンツをもちいているのは、〈アラベスク〉というタイトルから来る一種の「エキゾティシズム」を象徴しているのではないだろうか。この和声進行のもっとも有名な例は、おそらくロシア民謡《ヴォルガの舟歌》であろう（譜例1）。

短時間での長距離移動[9]やインターネットなどのなかった19世紀初頭においても、遠い異国へのあこがれはあったにちがいない。しかしながら、異国の風俗や音楽の雰囲気などを知りうる術はそうそうなかった。そこで、オスマン・トルコと文化的に接点のあった東欧スラヴ民謡のエッセンスを、作曲者は「エキゾティシズム」としてさりげなく取り入れているのではないか。

譜例1 《ヴォルガの舟歌》（M. A. バラキレフ編曲）

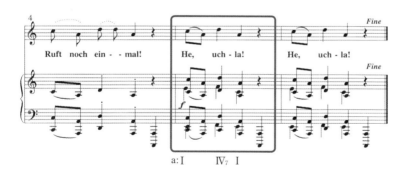

---

[9]——オリエント急行によるパリ＝イスタンブールの旅が実現するのは1883年、ブルクミュラーの死後のことである。

L'arabesque
アラベスク

指揮法テクニック
- 叩き
- しゃくい
- 引っ掛け

楽曲の構成
- イ短調、4分の2拍子
- 序奏とコーダ付きの3部形式：序奏（2）＋ A （8）＋ B （8）＋ A （8）＋コーダ（6）

2．アラベスク　L'arabesque ｜ 027

● ── Ａ：主題Ａの転調

　Ｔ.３～10の８小節間が主題Ａの提示である。ここでは、前半と後半で大きなコントラストがみられる。前半４小節（イ短調）は、序奏から受け継いだバスの律動に乗って奏される16分音符による上行形の旋律が特徴である。後半４小節では打って変わって、平行調であるハ長調へのとつぜんの転調から始まる。ハ長調は３小節＋１拍である。Ｔ.10（第１括弧）②のたった１音──単音のｅであるがイ短調のⅤの和音を示している──によって最初の調に戻る。ハ長調への転調もイ短調への回帰も本当に一瞬のできごとである。このような長調⇔短調の往来も、スラヴ系の民俗音楽によくみられるパターンだ。そこにも「エキゾティシズム」を垣間見ることができる。

● ── Ｂ：ホモフォニーとポリフォニー

　次にここでもちいられている音楽の様式について考えてみよう。Ａでは、旋律パートと伴奏パートとの役割がそれぞれ独立している。このように主旋律のパートと伴奏パートの役割が明確に配分されている音楽の様式を「ホモフォニー」（英：homophony、独：Homophonie）という。たとえば古典派のピアノ・ソナタの第１楽章冒頭部分などは、ほとんどの場合ホモフォニーとして書かれている（例：W. A. モーツァルト　ピアノ・ソナタ　ハ長調 KV545 第１楽章の冒頭部など）。

　これにたいしてＢの８小節間では、ソプラノとバスそれぞれの旋律パートが対等に掛け合う形式で音楽が進行していく。このように複数の独立したパートからなる音楽の様式を「ポリフォニー」「多声音楽」（英：polyphony、独：Polyphonie）という（例：J. S. バッハ《インヴェンション》など）。

　Ｂ部分のポリフォニーは、２声による f でのダイナミックな音楽の饗宴となっている。そこではＴ.16がフレーズ全体のソプラノ・パートの最高音であり（アクセント付き）、和声進行からみても借用和音がもちいられていることから緊張が高まっており、フレーズの頂点であるといえる。

● ── Ａ 再現部：*subito* p と「歌うアクセント」

　Ａ再現部（Ｔ.20～27）はどうだろう。前半はＡとまったく同じである。後

半は転調せずイ短調のままコーダへと進む。しかし、そこに仕掛けがある。まず T.22〜23 での *cresc.* の後で、いきなりの *subito p* が現れる。手のこんだことにそこには *dolce* の表示があり、加えて次小節（T.25）にはスラーのなかでのアクセント、いわゆる「歌うアクセント」がみられる。

以上のように A 主題の提示と A 主題の再現とのあいだには、音楽上の対照を示すためさまざまな仕掛けがなされているのである。

●──コーダ

コーダは T.28（第 2 括弧）からの 6 小節間である。再現部より継続してコーダはずっと I の保続音上にあり、最後のカデンツとして、ここでもアーメン終止がもちいられている。また、コーダにおけるハイライトはまちがいなく *risoluto* であろうが、それについては次項にて詳述する。

奏法、楽語と表現

●──奏法

1. 2 種類のスタッカート

この曲集の初版[10]では、楔形(くさびがた)と点の 2 種類のスタッカートがもちいられている。本書では楽譜を掲載するさいに初版を参考にしている。この楽曲では初版にしたがい、楔形スタッカートおよび点のスタッカートの 2 種類をもちいた。

楔形スタッカートはここでは「伴奏リズムの鋭さ」を表し、点のスタッカートは跳躍旋律の語尾でもちいられることで「モティーフの句切りの明確さ」などを表していると考えられる。多くの版ではこれら 2 種類のスタッカートの区別はなく、「点のスタッカート」のみが採用されている。現行の出版譜にお

---

[10]──初版はパリのブノワ・エネ社（Benoit aîné）(1851) である。翌年にドイツのショット社（B. Schott's Söhne）からドイツ初版が出されたが、内容はパリ初版と同じものである。現在は、どちらもインターネット上で閲覧可能である。

いて1990年に出版されたウィーン原典版[11]では、楔形でなく「棒状のスタッカート」および「点のスタッカート」をもちい、その差異を明確に示している。

２．スフォルツァンドとアクセント

　作曲者はT.10および最終小節において、特別なアクセント、*sf* ＞（スフォルツァンド＋アクセント、以下「スフォルツァンド・アクセント」と記す）を書き記している。それはこの曲集の他の楽曲でもみられるブルクミュラー独特の記載方法である。〈アラベスク〉では最初のフレーズの最後の音および楽曲の最終音の２カ所に限定してもちいられており、そこで特別にインパクトのあるアクセントが求められていることがみてとれる。

　そのほかの部分では通常のアクセント「＞」のみが書かれているが、その意図するところはけっして画一的ではない。場面によって異なるアクセントの表現ができるよう心がけておきたい。たとえばT.8②のアクセントは、シンコペーションのアクセントであるから「明確に鋭く」。またT.16①では、フレーズの頂点ひいては楽曲全体の頂点を示している。音価が付点４分音符でありスラーのなかでもちいられているので「鋭くというよりはむしろテヌートぎみのアクセント」と解釈したい。T.25は前述のように *dolce* のフレーズ中での「歌うアクセント」「表情のアクセント」であるから、「やわらかさ」が必要であろう。

● ── 発想標語と表現

　この楽曲でもちいられている発想標語は以下のとおりである。

scherzando：おどけて、ふざけぎみに
leggiero：軽く、軽快な
dolce：やわらかく、穏やかな、優しい
risoluto：決然と、断固として

---

[11] ── 校訂者は種田直之。ウィーン原典版（Wiener Urtext Edition）は、Universal Edition, Wien およびShottmusic, Meinz、音楽之友社の３社提携による原典版楽譜シリーズである。

もっとも解釈がむずかしいのは、T.32に出てくる *risoluto*（決然と）である。通常ならばこの発想標語にテンポの増減は含まれないが、ここでは楽曲の終結にさいして、いわば最後の締めくくりのかたちでこの標語が加えられているため、たんに「決然と」ではなく、*risoluto* + *pesante*（重々しく）という解釈も成り立つのではあるまいか[12]。いずれにせよ、T.31および32②裏拍にある8分休符の間合いの取り方で、「決然と」の度合いが決まってくると思う。心してかかっていただきたい。

楽曲の背景

● ──「アラベスク」とは？
1．シューマンの「アラベスク」

　「アラベスク」という名称をはじめて楽曲のタイトルにもちいたのは、ブルクミュラーと同世代の作曲家R.シューマン[13]（1810〜1856）である。彼のピアノ曲《アラベスク》ハ長調op.18は、1839年にウィーンで作曲され、同じ年に出版された。タイトルのもとになっているのは、植物のツタなどが絡まりあう様子を図案化したアラビア独特の幾何学的な模様（日本では「唐草模様」として知られる）である（図2）。シューマンは音符の動きをその幾何学模様の図柄になぞらえて、《アラベスク》とタイトルを付けたようだ（譜例2）。

---

[12] ── ピアノ音楽の分野では、通常このような場合、*pesante* は加えないだろうが、ここでは合奏音楽としてのアプローチを想定している。
[13] ── シューマンもブルクミュラー同様、子どもたちのための曲集を書き残している。《子どもの情景》op.15（1838）、《子どものためのアルバム》op.68（1848）、《子どものための3つのピアノ・ソナタ》op.118（1853）など。

図2　アラベスク模様

譜例2　シューマン《アラベスク》

2．ブルクミュラーの〈アラベスク〉

　一方のブルクミュラーだが、この練習曲集の初版は先述のように1851年である。単純計算するとブルクミュラーの〈アラベスク〉はシューマンから12年後ということになるけれども、そこは19世紀、CDもなければインターネットの1クリック注文もない。ドイツで出版されたものがパリの人々の目にふれるためには、現代の私たちの想像以上に時間がかかったに相違ない。加えてブルクミュラー自身もこの25曲を書きあげて出版にこぎつけるまでに、いったいどのくらいの時間を費やしているのか。それについては資料が残されていないが、こちらもはかり知れないものがある。

　そのようななか、ピアノを学ぶ子どもたちの興味をひき、学習意欲を高めるために、彼はシューマンでの例にならい、この異国情緒たっぷりのしゃれたタイトルをいち早く取り入れて楽曲を提供したのだ。

● ——エキゾティシズム

　シューマンの例では、楽譜上から幾何学模様が浮かびあがってくるかのごとく美しい図柄が見えてくる。鳴り響く音楽はもちろんのこと、図柄さえも美しいのである。しかし、当然のことながら演奏するのはむずかしい。

　いっぽう、ブルクミュラーの〈アラベスク〉はけっしてシューマンの模倣ではなかった。分析の項でふれたように、彼はハーモニーやカデンツに趣向をこらしてロシアやスラヴ民謡の風合いを出すことで異国趣味[14]を表そうと試みた。事実、ハンガリーやロシアの一部はオスマン・トルコ帝国の領域内だった時期もあり、遠く離れたパリに住む人々が、上記のような特徴をもつ楽曲にたいして「エキゾティシズム」を感じたとしても不思議はなかろう。ピアノを習いはじめた子どもたちは普段あまり聴いたことのない和音の進行が取り入れられた曲調に、遠い異国を思い浮かべたかもしれない。あるいはその曲調にふれて、「エキゾティシズム」という言葉の語感をはじめて味わうことになったのかもしれない。いずれにせよ、当時の子どもたちに異国あるいは異国情緒とい

---

[14]——種田直之はウィーン原典版の解説において、「アラベスク」にかんして次のように述べている。「イ短調という調は、スケルツァンドと組みあわせるといささか異国風な性格を帯びてくる」（『ブルクミュラー25の練習曲集 作品100』音楽之友社、解説 p.6）

うものに親近感をもってもらえるよう、作曲者が意図したのではないかと推察するのである。

指揮のテクニック

　ここではおもに「叩き」「しゃくい」「引っ掛け」の３種類のテクニックを使用する。まずはこれらのテクニックについて整理しておこう。

●――叩き
　スタッカートやマルカートの音楽を指揮するテクニック。名称のごとく「叩く」ことのみに神経が注がれてしまうことが多いが、本当に大切なのは叩いた後の「筋肉のリラックス」および「こぶしがバウンド」する感覚である。拍を空間で叩いた直後に「バウンドさせる」（あるいは「バウンドする」）意識をもつことが大切である。

●――しゃくい
　「平均運動」がレガートを表現するテクニックであるとすれば、「しゃくい」はレガートの音楽で表情を出したいときにもちいる。しかしながら、実際に作品を指揮するさいに、その振り幅は「叩き」にかぎりなく近い「しゃくい」から、「平均運動」にかぎりなく近いものまでさまざまである。基本的には第１曲「純真さ（素直な心）」で述べたようにブランコの動きを意識すればよい。スピード感あふれる「立ち漕ぎ」的な動きか、きわめてゆるやかな「振り子のような動き」なのかは、スコアをよく読んで見きわめてほしい。

●――引っ掛け
　アウフタクトから始まるフレーズを引き出すような動作で表すテクニック。ここでもちいているのはアウフタクトそのものではないが、B部分の旋律パートで、付点４分音符の後の８分音符を意識して②で素早くブレスすることによ

り、次の 8 分音符のニュアンスを示す。

● ──指揮のポイント

T. 1 〜 2：「叩き」。ここはいわゆる「縦の 2 拍子」でよいだろう。*leggiero* の雰囲気を感じて振るのを忘れずに。T. 2 ②では、左手で次の旋律の入りのアインザッツを示す。

T. 5 〜 6：*cresc.* を忘れずに。

T. 7 ①：「叩き」と同時に、裏拍からの旋律を引き出すための「引っ掛け」。

T. 8 ①点後：アクセントのために「引っ掛け」。

T.10 ①点後：②にたいして備えるため「引っ掛け」。②の *sf* > を意識して、鋭い「叩き」。

T.11 ②：ここでのフレーズの終え方には、以下の 3 種類の方法がある。どれを選択するかよく考えてほしい。

a．旋律の 8 度跳躍にたいして、フレーズを収めるために *decresc.* する。
b．旋律の 8 度跳躍にたいして、次小節の *f* を意識し *cresc.* する。
c．あえて何もしない。

T.12 〜 15：付点 4 分音符のスピード感を表すため「しゃくい」。旋律の②裏拍の 8 分音符を意識して「引っ掛け」。

T.16 〜 17：フレーズの頂点、ひいては楽曲全体の頂点をしっかり意識して「しゃくい」。

T.18 〜 19：*dim. e poco rall.* を意識して減速および図形を徐々に小さくし、さらに次の「叩き」の準備。

T.20 〜 23：T. 3 〜 6 と同じ。

T.23 ②点後：次小節からの *p* を意識して、とつぜん小さなアインザッツを出す。

T.24 ①：*subito p* および旋律を引き出すためにごくやわらかな「引っ掛け」。

T.25 ②：「表情のアクセント」にたいして①点後でアクセントを感じつつテヌートぎみに。

T.29〜31：cresc. と同時に頂点をめざす。

T.32：risoluto はたんに「決然と」というだけでなく、ここは楽曲の最後を飾るべく risoluto + pesante（決然と＋重々しく）と考える。そのためには T.31②裏拍の8分休符では8分音符の入りのタイミングを、また同じく T.32②裏拍の8分休符では最後のフェルマータへの入りのタイミングを明確に把握して振ること。大切なのは、そこでの「間」の取り方である。しっかりと感得してほしい。

3.
パストラーレ　La pastorale

楽曲の背景

●──「パストラーレ」：2つの源泉

　「パストラーレ」という言葉は、日本人にとってはあまりなじみのないものかもしれない。しかし西洋の歴史と文化についてひもといてゆくうえでは、きわめて重要な意味をもっている。歴史的にみると「パストラーレ」には2つの源泉が認められる。ひとつは古代ギリシャ時代からの楽園思想に由来する「田園劇」であり、もうひとつはキリスト教との関連である。次項では、それらについて簡単に解説していく。

●──ギリシャ神話の「田園劇」

　「パストラーレ」の源泉についての最初のキーワードは、「楽園（アルカディア）[15]での田園劇」である。中世以降フランスを中心に、吟遊詩人[16]による世俗的な歌曲や歌付きの芝居などで、羊飼いたちの楽園での豊かな生活や恋物語を描いた「パストラーレ」という名の田園劇が流行していた。歌芝居はやがてオペラとなり、その最初期の傑作としてC. モンテヴェルディ（1567〜1643）の《オルフェオ》（1607）がある。W. A. モーツァルトも歌芝居《バスティアンとバスティエンヌ》（1768）KV50（KV46b）、歌劇《羊飼の王》KV208（1775）など田園劇関連の作品を書き残している。

---

[15]──理想郷、ユートピア。現実には存在しない理想的な世界。
[16]──トルヴァドールやトルヴェールとよばれた吟遊詩人はこれまで放浪楽師のようにとらえられていたが、実際には青年貴族や聖職者など教養の高い人々が多かったようである。

La pastorale
パストラーレ

指揮法テクニック
- やわらかい撥ね上げ
- 平均運動
- しゃくい

楽曲の構成
- ト長調、8分の6拍子
- 序奏とコーダ付きの3部形式：序奏（2）＋ A （8）＋ B （8）＋ A （7）＋コーダ（4）

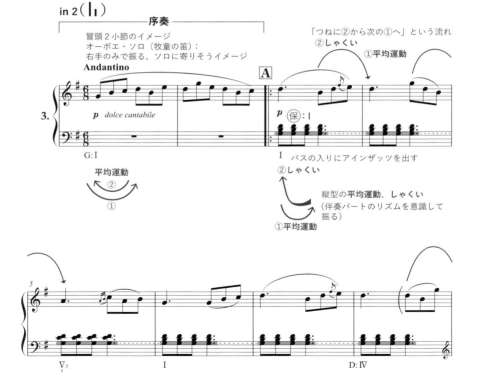

3．パストラーレ　La pastorale

また19世紀半ば以降には「パストラーレ」の復興があり、R. シューマン オラトリオ《楽園とペリ》op.50（1843）、C. ドビュッシー（1862〜1918）《牧神の午後への前奏曲》（1894）、M. ラヴェル（1875〜1937）バレエ《ダフニスとクロエ》（1912）など、ギリシャ神話、楽園や牧神パンをテーマとする数々の名作が生まれた。

● ――クリスマスの音楽
　2つめのキーワードは「クリスマス」である。バロック時代、とくにドイツでは「パストラーレ」とは、羊飼たちがキリストの生誕を祝う宗教的な性格をもつ音楽のことを示していた。カトリックの教会ではクリスマスの季節に、礼拝堂の片すみにベツレヘムの馬小屋などのジオラマ的な模型を作って飾り、キリストの降誕を祝う風習が現在も残っている。旧約聖書の「ルカ福音書」によれば降誕にさいし「羊飼たちが最初に祝福に来てくれた」とある。その故事にならってクリスマスの礼拝に訪れた信者たちは帰りぎわに、件(くだん)のジオラマの前でお祈りをしてから退場していく。そのとき演奏される音楽が「パストラーレ」である。
　そのような音楽の例としてA. コレッリ（1653〜1713）《クリスマス協奏曲》第8番 op.6-8（1712）第6楽章〈パストラーレ〉やJ. S. バッハ（1685〜1750）《クリスマス・オラトリオ》BWV248（1734）第10曲〈シンフォニア〉、G. F. ヘンデル（1685〜1759）《メサイア》HWV56（1742）のなかの〈シンフォニア・パストラーレ〉などがあげられる。

「パストラーレ」でもちいられた楽器のことなど

● ――牧神パンの笛（フルート）
　「田園劇」では、楽園に暮らす牧神パンの象徴である笛、「パン・フルート（パンの笛）」がもちいられた。その笛の素材は葦(あし)あるいは竹などであった。ドビュッシーは《牧神の午後への前奏曲》でパンの笛の音色をみごとにフルート

に移し替えている。低音域で奏でられるフルート・ソロは暗くうつろな音色で、いかにも気だるい午後の雰囲気をよく伝えているといえる。

●──葦笛（オーボエ）

次に聖書の物語由来の羊飼の楽器はといえば、まず葦笛だろう。牧童たちが牛追いのときに吹いていた葦笛から発展したものが現在のオーボエで、「パストラーレ」における代表的な楽器といえる。

キリスト教では神の子イエスを子羊にたとえる場合がある。それを聞くと、羊飼が祝福に訪れたというエピソードにもうなずける気がする。先述のキリスト誕生のエピソードを音楽で表しているのが「パストラーレ」であり、バッハの《クリスマス・オラトリオ》では同じオーボエ属の楽器、オーボエ・ダモーレ[17]とオーボエ・ダ・カッチャ[18]が2本ずつのセット（計4本）でもちいられ、大規模なアンサンブルが繰り広げられている。

●──バグパイプによる持続低音：ベートーヴェンの《田園交響曲》

「ドローン」とよばれる持続低音は、羊飼が愛用するバグパイプやハーディ＝ガーディをもちいて響かせる完全5度の持続音のことをいう。その響きの上に歌や旋律をのせて音楽を構成するのが「パストラーレ」の常套手段である。L. v. ベートーヴェン（1770〜1827）の交響曲第6番ヘ長調《田園》op.68（1808）の冒頭を思い出してほしい。第1ヴァイオリンによる印象的な旋律の前に、チェロとヴィオラが静かに和音を鳴らす。このとき響いているのが、ヘ長調Ⅰのコードの完全5度による持続低音（F・c）である（譜例3）。ベートーヴェンもまた、そこで古式にのっとった持続低音をもちいて彼の「シンフォニア・パストラーレ」を書きはじめていることがわかる。

---

[17]──Oboe d'amore（英）：アルト・オーボエに相当するA管のオーボエ。J. S. バッハがカンタータなどで好んでもちいた。

[18]──Oboe da caccia（伊）：王侯の狩りなどのさいにもちいられた大型のオーボエ。コール・アングレとおなじくF管である。

譜例3　ベートーヴェン 交響曲第6番ヘ長調《田園》　冒頭部分

● ── ベルリオーズ《幻想交響曲》における「パストラーレ」

　またブルクミュラーと同時代に、オーボエ、コール・アングレ[19]や持続低音などをもちいて田舎の情景、あるいはある種のアルカディアを描いている作品がある。当時パリの新進気鋭の作曲家であったH. ベルリオーズ（1803～1869）の出世作、《幻想交響曲》op.14（1830）の第3楽章〈野の情景〉である。その冒頭ではオペラ的に[20]、舞台上のコール・アングレと舞台裏からのオーボ

[19] ── cor angrais（仏）：オーボエ属のテノール音域に相当する楽器（F管）。ベルリオーズは、とくにこの楽器を好んだ。
[20] ── ワーグナーはベルリオーズから35年後に、楽劇《トリスタンとイゾルデ》（1865）第3幕冒頭で、舞台裏から牧人の吹くコール・アングレに、きわめて長大かつ印象的なソロをあたえている。

エの音が掛け合いをすることで音楽が進行していく（譜例4）。いうまでもなく羊飼どうしの掛け合いを表しているのであるが、使われている旋律の源泉はスイスに古くから伝わる「ラン・デ・ヴァッシュ（ranz des vaches）」という牛追い唄である。コーダ部分では、遠雷を模したティンパニ4台のトレモロによる持続低音が聴かれる（譜例5）。

譜例4　ベルリオーズ《幻想交響曲》op.14 第3楽章〈野の情景〉　冒頭部分

譜例5　ベルリオーズ《幻想交響曲》op.14 第3楽章〈野の情景〉　終結部分

音楽的特徴

　ここまでの説明でおわかりのように「パストラーレ」はたんに曲のタイトルや雰囲気を表しているだけでなく、楽曲様式のひとつであるといってもよい。「メヌエット」「サラバンド」など、舞曲の種類がそのままその楽曲のタイトルになるのと同じように、「パストラーレ」は音楽の様式を示しているのである。この項ではその音楽的な特徴について概観する。

●——混合拍子：シチリアーナとの関連
　〈パストラーレ〉は8分の6、8分の9、8分の12など3拍子系の混合拍子で書かれている。ゆったりしたテンポで演奏される〈パストラーレ〉は、同じく3拍子系・混合拍子の舞曲「シチリアーナ」との関連性についてよく指摘されるところである。古代ローマ時代、シチリア島にあるシラクーサという町が牧人たちの理想郷とされていた。〈パストラーレ〉において、かつての理想郷を想起させるシチリア島由来のリズムがもちいられているのは、故なきことではないだろう。

　また、ある音楽事典[21]には「シチリアーノ：イタリア起源で、本来は舞曲ではなく性格的なパストラーレ」などといった解説もみられる。

●——器楽中心の音楽
　バロック時代、とくにドイツで「パストラーレ」がクリスマスの礼拝音楽に取り入れられるようになるにつれて、オルガン曲、教会ソナタなど、器楽曲として作曲される機会が増えた。先述のバッハ《クリスマス・オラトリオ》においても、第2部冒頭でオーケストラ単独のシンフォニアにて、野宿する羊飼のようすを描いている。礼拝にもちいられなかった器楽の「パストラーレ」の例としては、H. I. v. ビーバー 6声のためのソナタ《農民の巡礼》（1673ころ）やL. モーツァルト《農夫の結婚》（1755）などがある。

---

[21]——U. ミヒェルス編、角倉一朗監修『図解音楽事典』（白水社、1989）、p.155

楽曲分析

●──オーボエとドローンの響き

　まず全体を通して旋律線を概観したところ、旋律線が五線上から極端にはみ出さないように限定した音域で書かれていることから、ソロ楽器としてはオーボエを想起させる。これがもしフルートであるのなら、現状よりも完全5度くらい上に移調しないと、ソロとして聴きばえのする音域にはならないだろう[22]。

　次にT.3〜8の伴奏部分に着目すると、例の「ドローン」の響き（gの保続音上でつねに完全5度上のd^1が同時に鳴っている）がみられる。

　冒頭部分のオーボエ的な節まわしと旋律、そして完全5度の持続低音（保続音）との組み合わせは、あきらかに「クリスマス」でもちいられる音楽のかたちで書かれているといえる。旋律はなだらかなアップ・ダウンを繰り返しつつ上行し、徐々に気分を高揚させていく。

●──気持ちの高揚？

　ニ長調への一時的転調とオーボエのデュオ風ブリッジ──牧人たちの会話？──をへて *mf* となりさらに気分が盛りあがる中間部では、旋律の2回にわたる6度の跳躍（下行）が特徴的である。これらの音楽の運びについてキリスト降誕を祝う音楽としてとらえれば、2回の6度下行は「喜びの感嘆符」とも解釈できるであろう。その後は降誕を祝う最初の旋律の再現があり、コーダでは徐々に気分が平静に戻っていく。

---

[22]──先述のドビュッシー《牧神の午後への前奏曲》ではそれを逆手に取って、わざわざ地味な音色であるフルートの低音域をもちい、けだるい午後の雰囲気を醸しだしている。

指揮のテクニックとポイント

●───平均運動、しゃくい、やわらかな撥ね上げ

　8分の6拍子の2つ取り（in 2）である。全曲を通して穏やかな曲調であるから、基本的に「平均運動」あるいは「やわらかな撥ね上げ」で振っていく。この「やわらかな撥ね上げ」のコツは、ゆっくりと空中を漂っている紙風船が落ちぬように、スローモーションで手を軽く添えるようなイメージで振ることだ。図形としてはp.049の図3ａ、ｅを参考に試みてほしい。

T.1～2：この2小節間は、序奏というよりはオーボエ・ソロの導入部と考えればよい。この即興風の冒頭部では、指揮するというよりは、むしろ出だしのアインザッツだけ示したら、あとはソロに任せるようにしよう。

T.3～10：最初のフレーズでは、つねに②から次の小節①にかけての音楽表現上の上昇エネルギー──アウフタクトから次の小節の①への──を感じとることができる。次に向かおうとする指向性を生かすため、②をつねに「しゃくい」で表現する意識をもつとよいだろう。

T.11～14：B のフレーズ前半では、それまでとは逆に、頂点である①から②に向けてエネルギーが解放されている。そこで①を「しゃくい」とし、同時に②も *dolce cantabile* の意識を継続させつつ「しゃくい」で振っていこう。

●───アインザッツとフレーズの締めくくり

T.9～10：ここでのカノン風の（オーボエ・デュオ的な）楽句は、入りのさいにアインザッツを出したほうがよいだろう。まずT.9①では新たなパートの入りを左手で示し、②は右手でもって応答の楽句を示せるとよい。

　同時にここは、一時的なニ長調への転調を含めて第1フレーズの締めくくり部分であるので、ニ長調のカデンツを感じながらフレーズのまとめをしてほしい。ここでフレーズをまとめる方法は、以下のように3種類あると考えられる。

ａ．T.10での旋律の1オクターヴ跳躍について、T.9からの印刷上の *cresc.* を

続行させ、次からの *mf* のフレーズに向けての準備をする。
b．同上部分の１オクターヴ跳躍について、フレーズの終結を示すためにほんの少しだけ *dim.* し、次のフレーズを新鮮な気持ちで始める。
c．同上部分の１オクターヴ跳躍について、フレーズの終結を示すためとくに *cresc.* を続行せずに、エネルギーを保持するにとどまる。

T.15〜18：ここはカノン的楽句を含めて、４小節間の半終止カデンツとなっている。T.15においていきなり借用和音による減七のコードが現れるが、まずはカノン的楽句の処理について考えよう。左手でデュオの第１パートにたいしてアインザッツ、次に第２パートにも忘れずにアインザッツを出そう。そしてT.17〜18における半終止でのカデンツを感じつつ歌いきって、ホッとひと息ついたと思ったら、すぐに再現部の始まりである。何のことはない、「ホッとひと息」の句切りと思っていたのは、じつは次の再現部を引き出すためのドミナントであったのだ。
T.19〜25：ふたたびドローンの５度の響きが聴かれ、再現部の始まりである。ここは４＋３のフレーズ。後半３小節で頂点、および息の長い大きなカデンツがある。気持ちを集中してT.25まで持っていこう。
T.26〜29：コーダ４小節では、ドローンの響きも旋律線もだんだん遠ざかり、余韻とともに曲は閉じる。羊飼たちもきっと無事帰途についたことであろう。

●──さまざまな１小節２つ取りの図形

ここで１小節２つ取りの図形についてまとめておく（図３参照）。

・レガートの音楽を指揮する場合：ａ、ｂ、ｅなどが有効である。
・マルカート、スタッカートの音楽を指揮する場合：ｃ、ｄなどが有効である。

ここに示したのはあくまでも基本図形の一例であるから、実際に楽曲を振るさいには図形を変換させるなど自分なりの工夫が必要である。試行錯誤するうちに、自身のもつキャラクターに合った振り方が身についていくものであると思う。

3. パストラーレ　La pastorale ｜ 049

図3
a. 平均運動（曲線）

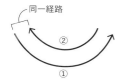

b. しゃくい（曲線）

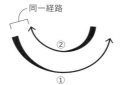

c. 叩き＋しゃくい

d. 叩き

e. 撥ね上げ

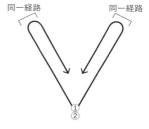

4.
小さな集い（子どもの集会）　La petite réunion

楽曲分析

●——序奏部の分析

　この楽曲は序奏部がもっとも興味深い。何かの前触れを表現しているかのように描写的な、きわめてロマン派的なイントロダクションである。作曲者はこの序奏がそれまでのものと異なるものであることを学習者に教示するかのごとく、冒頭にわざわざ「Introduction（序奏）」と書きこんでいる。短いがストーリー性のある本格的な序奏である。

1．基本動機と応答句、安定したリズム
　最初に出てくるバスの旋律であるが（T. 1）、そこにみられる4分音符＋8分音符2個による「長・短・短」のリズム・パターンが、この楽曲全体にかかわる基本動機となっている。その後のあらゆる旋律は、この基本動機から成り立っている。この動機には以下のような特徴がある。

2．長・短・短のリズム
　長・短・短のリズムは、最初の長い拍（4分音符）に重心があることからビートに安定感があり、その後の半分に分割された拍2つ（8分音符×2）との組み合わせで、前半と後半とのリズムの感じ方のコントラスト（重・軽・軽）もすこぶる明確である。この「長・短・短」あるいは「重・軽・軽」のリズム・パターンは、詩の韻律を応用した古代ギリシャのリズム論では「ダクテュ

ロス（daktylos）[23]」と名づけられて、その性格はなめらかに歌う性格とされている（譜例6）。フラウト・トラヴェルソ奏者として名高いB. クイケン（1949〜）によれば、ダクテュロスの特徴は「ゆりかごを揺らすような」あるいは「子守唄のような」安定したリズムにある、とのことである。

譜例6　ダクテュロスのリズム

3．動機のリピートと順次進行

　ここでのダクテュロスによる基本動機は、かならず2回繰り返される。あるいは2回の繰り返しが1セットとなっている。またこの基本動機は順次進行で提示されている。

4．動機と応答句

　奇数小節で示される基本動機にたいして、偶数小節ではそれにたいする応答句（8分音符、スタッカートの下行音階）がある。アーティキュレーション的には、この冒頭4小節間はレガート⇔スタッカートという対照となっている。基本動機は1回目に比して、2回目は *cresc.* および *dim.* をともなってより表情的なものに発展している。

---

[23]——「ダクテュロス」のリズムがもちいられたわかりやすい例としては、ベートーヴェンの交響曲第7番（1813）第2楽章がある。他にはシューベルト 交響曲第8番《グレイト》（1826）冒頭部分など。

La petite réunion
小さな集い（子どもの集会）

指揮法テクニック
- 平均運動
- しゃくい
- 叩き
- アインザッツ

楽曲の構成
- ハ長調、4分の4拍子
- 序奏付きの3部形式：序奏（6）＋ A （8）＋ B （8）＋ A （8）

4. 小さな集い（子どもの集会） La petite réunion | 053

●──カデンツとフェルマータ

1．半終止のカデンツ

　4小節間でひととおりの対話が終わると、半終止のカデンツが現れる。ここでの定型カデンツは、次なる展開へのきっかけであるといえよう。紋切型のようなこのカデンツが示しているのは、それまでに出てきた対話を取りまとめるような役割ではないか。半終止であるから、必然としてハ長調のⅠの和音から始まる主部への橋渡し役にもなっている。

2．休符のフェルマータ

　カデンツの次は休符上のフェルマータとなり、そこで音楽はいったんストップする。これまでの音楽の流れをすべて断ち切って「間」を取り、次からはこの楽曲の主部が始まる。

3．枕

　ここでの序奏全体の役割は、落語でいうところの「枕[24]」と考えてよい。「枕」から、スッと本編に入っていく場合もあれば、気持ちの切り替えのために間を空けるときもある。この場合、休符＋フェルマータは「場面転換」のための「間」であろうか。このような「間」のことを、音楽用語ではルフトパウゼ（独：Luftpause）という。覚えておくとよいだろう。

4．会場の音響と演奏法

　先に書いた「休符上のフェルマータ」についてひとつ補足しておく。最後の4分音符から次のフレーズに入るまで、どのていど「間」を空けるのかという問題である。「音楽的な間」（ルフトパウゼ）の長さとは、はたしてどのくらいなのか。

　それは演奏するホールの音響と大いに関係がある。音楽専用ホール、たとえばサントリーホールなどでは、オーケストラ全体でコードを響かせた場合に残響が比較的長い[25]ため、演奏のさいに「間」をじゅうぶんに取ることができ

---

[24]──本題に入るまえの導入のこと。
[25]──サントリーホール（2006席）の残響は、2.1秒である。

る。残響時間と音響の良しあしとは別問題ではあるが、他方で日比谷公会堂のように、音楽だけでなくさまざまな用途にもちいられる多目的ホールでは、一般に残響時間は短い[26]。

演奏方法としては、①音が残っているうちに次のフレーズを始める、②じゅうぶんな「間」を取ってから始める、のどちらかである。

いずれにせよ、指揮者や演奏家はホールの音響に合わせて、「間」をどのていど空けるのかについて、つねに考えておかなければならない。

●──序奏の音楽的ストーリー

1．曲目タイトルについて

この楽曲は、従来〈子どもの集会〉あるいは〈子どものパーティ〉などの日本語訳で親しまれてきた。けれども原語タイトルを吟味すると、そこには「子ども」の意味は含まれておらず、最初の形容詞はたんに「小さな」にすぎないことに気づく。ひょっとしたら「子どもの集まり」ではなく「ご婦人方の井戸端会議」や「犬の散歩後のカフェ休憩」かもしれないし、また「男たちの悪だくみ」かもしれない。しかしここでは、素直に「子どもの集まり」をイメージし、ストーリーを考えてみた。

2．ストーリーのポイント

これまでの分析をふまえ、いくつかのポイントをまとめておこう。

a．対話形式であること。
b．話がどんどん進行していくこと。
c．いちおうの結論が出て、それに向かって何かがスタートしようとするところで終わること。

---

[26]──日比谷公会堂（2088席）の残響時間は、約1秒である。

3．序奏ストーリーの一例
T.1：主人公の呼びかけ──「ねーみんな、遊ぼうよ〜！」
T.2：応答（その他大勢）──「えー、何？」
T.3：ふたたび呼びかけ（主人公）──「みんな、どうしたの〜？　○○をして遊ぼうったら！」
T.4：応答（その他大勢）──「えー、何々、何なの？」
T.5〜7：全員（意見の一致）──「よーし、○○公園までみんなでかけっこだ、オー！」

●──主部の分析

1．形式の分析、仲間がだんだんふえていく

　主部は ABA の3部形式で書かれている。A 前半は例のダクテュロスのリズムによる基本動機、そしてスタッカートの応答句を次へのブリッジとした旋律線。そして後半は、前半と同じ旋律線から始まって最後2小節にハ長調の全終止カデンツをもちいてフレーズを閉じている。

　B では、カノンをもちいて序奏に似た対話形式で曲が進行していく。このセクションから声部がふえて4パートになっている。ストーリー的には冒頭からの対話での呼びかけの結果、仲間がふえたのだろう。当初は1対2（3声）で対話していたのが、T.15から2対2（4声）となり、T.18でいっせいに4声がそろった時点では、それぞれのパートが逆行してダイナミックに頂点を形成する。会話や遊びが佳境に入ったのかもしれない。

2．和声の分析

　次に和声的に分析していこう。T.15〜22のハーモニーは潜在的に属音Vの保続がなされているととらえるので、8小節間ずっと V_7 と考える。ここで音楽は *p* から順次上行の旋律とともに盛りあがり、頂点（T.19〜21）でハ短調からの借用として as^1 の転位音が加わると、瞬間的に減七の和音的な響きが聴かれる。さらに例の作曲者独特の *sf* ＞（スフォルツァンド・アクセント）の使用によって、as^1 の音がきわだって鋭いアクセントとなり、きわめてクールでテンションの高い音楽となっている。

3．まとめ

　ここでの A と B とのコントラストであるが、A はホモフォニックな旋律（2声）と伴奏（カデンツ）による音楽の進行、いっぽうで B はカノンを中心としたポリフォニックな進行で音楽を盛りあげている。そしてふたたび A を繰り返すことで曲を閉じる。コーダは用意されていない。きわめて簡潔で無駄のない3部形式であるといえるだろう。

指揮のテクニックとポイント

◉──「平均運動」「叩き」「しゃくい」「引っ掛け」によるアインザッツ指示

　この楽曲では、これまで学んだすべてのテクニックをもちいる。

T.1：「平均運動」。
T.2、4：「叩き」。
T.3：*cresc.* および *dim.* をともなう表情にたいして「しゃくい」。
T.5〜6：「瞬間運動」（「直接運動」）T.5②以降の f の指示を、予備なしでいきなり振る。
　T.6最後の休符のフェルマータではけっして動かないこと（静寂の瞬間を作る）。

図4　瞬間運動

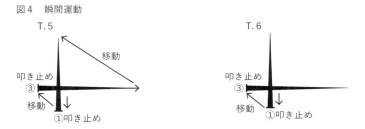

T.7、11、23、27：①「しゃくい」、②〜④「平均運動」。

T.8〜9、12、15〜17、21、24、25、28：p の「平均運動」。
T.13〜14、29、30：f の「平均運動」。最後まで f を保持すること。
T.10、18、22、26：「叩き」＋ *cresc.*。
T.19、20：①−③「平均運動」、③点後で次の sf の準備のため「引っ掛け」、④鋭い「叩き」。
T.20：本書の譜例では初版にしたがっているが、他の多くの版では②から p となっている。ここでも校訂者によってエコー効果が加えられているのである。そのような解釈も有効であると思う。その場合は、以下のようにすればよいだろう。①「平均運動」、点後で p のための予備、③ p「平均運動」、点後で次の sf の準備、④鋭い「叩き」。

キャラクター・ピース

　ロマン派の時代、ピアノ曲のジャンルではソナタのような絶対音楽よりも、むしろ形式にとらわれず標題付きの自由な作品であるキャラクター・ピース（英：character piece。性格的小品）が発展した。ブルクミュラーは、それらの特徴をとらえたおしゃれなタイトルと、子どもたちが容易に楽しめるようなキャラクター・ピースをエチュードとしてしたためたのである。簡潔ながら音楽的に熟練された筆致によるこの曲集が、19世紀中葉以降のピアノ教育に果たした役割はけっして少なくないだろう。
　以下は、ブルクミュラーと同時代の作品のキャラクター・ピースである。ぜひ聴いてみてほしい。

・R. シューマン：《謝肉祭》《子どもの情景》《クライスレリアーナ》《アラベスク》《森の情景》《ウィーンの謝肉祭の道化》《子どものためのアルバム》など
・F. メンデルスゾーン＝バルトルディ（1809〜1847）：《無言歌集》など
・F. リスト（1811〜1886）：《ピアノのための性格的な小品集》など

5.
無邪気　Innocence

楽曲分析

●── A：バール形式

　まず冒頭4小節では、奇数小節の下行旋律とそれに呼応する偶数小節のコラール風の和声進行が特徴的である。続く4小節は前半の変奏を形成しており、最終的にはハ長調への転調がみられる。

　Aのフレーズ8小節を分析すると、前半が2＋2小節、後半が4小節という構成になっている。このような1対1対2の比率をもつフレーズ構成は「バー・フォーム」あるいは「バール形式」とよばれる、中世後期の単旋律聖歌の様式などにもちいられていた、西洋音楽史上もっとも古い歌唱形式のひとつである。

　ここでのフレーズのとらえ方をひとことでいえば「拡大」である。前半の小さな2小節ずつの断片が、後半では4小節の大きなまとまりに拡大されていると考えればよい。

●──ため息の動機

　T.2、4、7など、この楽曲前半に現れる2度下行の旋律線は「ため息の動機」といわれ、バロック時代以降バッハをはじめとしてさまざまな作曲家によってもちいられてきた。その特徴は倚音から2度下行して和声音に解決するところにある。ここでは、まず倚音である最初の音をテヌートし「表情のアクセント」として大切にあつかい、2番目の音は和声音であるから、収める感じでほんの少しディミヌエンド的に処理すればよいと思う。

Innocence
無邪気

指揮法テクニック
- 平均運動
- しゃくい
- 叩き

楽曲の構成
- ヘ長調、4分の3拍子
- 2部形式：A（8）＋ B（8）

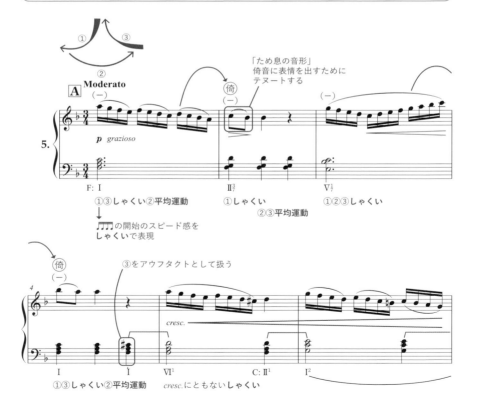

5. 無邪気 Innocence | 061

「ため息の動機」については、時代や様式、作曲家などによって解釈が諸説あり、なかなか一筋縄にはいかないところだ。この楽曲では、上述した「倚音に表情のアクセントが内在していること」「解決音はていねいに収めること」の2点についてしっかり押さえておけばよい。

●── B：伸びやかなスキップ風のリズム
　T.10からの後半部分はそれまでとは打って変わって、アーティキュレーションが明確でスキップを思わせる伸びやかな上行形の旋律に始まる。終結の4小節（T.14〜17）ではまず冒頭の旋律を再現し、次に B でのスキップの旋律線が下行形で現れて、A と B との統一をはかっている。ちなみに B の部分も A と同様に、バール形式で書かれている。

スラーの奏法、発想標語と表現など

●──スラーの種類
　一般にスラーには、レガート・スラー、フレージング・スラー、アーティキュレーション・スラー、ボウイング・スラーの4種類がある。

1．レガート・スラー
　いわゆるレガートのためのスラー。スラーで囲われている部分をなめらかに演奏する。

2．フレージング・スラー
　フレーズの全体像を示すスラーで、2小節、あるいは4、8小節などの比較的長い単位でのスラーである。ロマン派以降にもちいられるようになった。

3．アーティキュレーション・スラー
　奏法を示すスラーで、きわめて細かい単位でスラーがかけられる。

4．ボウイング・スラー

　ボウイングとは弦楽器の弓の上げ下げを示す。ボウイング・スラーはそれに準じたスラーで、古典派の音楽において、鍵盤楽器のスラーは、弦楽器のボウイングに由来している場合がある。この時代、いわゆるフレージング・スラーのような小節線をまたぐ長いスラーがもちいられることは、ごくまれであった。ヴァイオリンのボウイングにおける一弓(ひとゆみ)の往復を、管楽器の呼吸法と同じようにとらえて、スラーをかけるさいの目安のひとつとしていたようである[27]。

● ──スラーの実例

1．レガート・スラー

　初版譜において T.1 のようなスラーは、レガート・スラーであり、16分音符4個ずつをなめらかに演奏する。各スラーの4個目から次の1個目にかけてはとくに句切ることなく、レガートで演奏すればよい（譜例7a）。

　ここで16分音符4個ずつグルーピングされているのは、まずピアノのフィンガリング上の問題と、4個ずつの短いモティーフを3回繰り返すことを明確にするためであろう。

2．フレージング・スラー

　フレージング・スラーとは、スラー全体を大きなフレーズとしてとらえて流れを大切に演奏する場合をいう。ここでは、あえて同曲の異版からフレージング・スラーの例をあげておく（譜例7b）。この例では、最初の2小節をフレージング・スラーとしてとらえている。

　フィンガリングが移行する箇所を細かく句切ってしまうのではなく、あえて「長い単位でフレーズを感じて演奏しなさい」という意味であると考えられる。

---

[27] ──エファ＆パウル・バドゥーラ＝スコダ著『新版 モーツァルト　演奏法と解釈』（音楽之友社、2016）、pp.174〜175

譜例7　初版での「レガート・スラー」の例（a）、校訂版からの「フレージング・スラー」（b）

譜例8　アーティキュレーション・スラー

譜例9　さまざまなアーティキュレーション・スラーの例

3．アーティキュレーション・スラー

T.10～13のように、8分音符や16分音符を、奏法に関連して細かく句切っているのがアーティキュレーション・スラーである（譜例8・9）。ここでは、軽やかなリズムのキャラクターを生かすために、細かい単位でスラーを句切っている。

4．ボウイング・スラー

下例のスラーは初版からのレガート・スラーであるが、ここでは実際にヴァイオリンで演奏する場合に、どのようなボウイングの可能性が考えられるかについて一例をあげておく（譜例10）。書きこみのような弓の上げ下げに即したかたちを、一般にボウイング・スラーという。ここではT.3において、本来のレガート・スラーを生かしつつ、実際のボウイングに即したスラー（点線）に書きなおしている。

譜例10　冒頭部分のボウイングについての一例

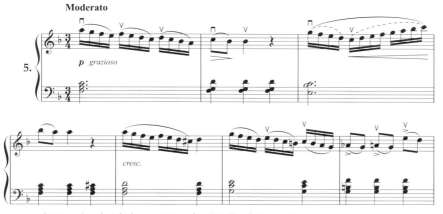

＊ ⊓ はダウン・ボウ（下げ弓）、∨ はアップ・ボウ（上げ弓）を示す

これら4種類のスラーの奏法について、それぞれの差異を意識して特徴をとらえ、演奏にさいしては各スラーのコントラストを明確に出すよう心がけることが大切である。

● ──版によるスラーの差異

　ブルクミュラーのこの曲集は、とくに日本においてさまざまなコンセプトで校訂・編集された版が数多く出版されている。版によってアーティキュレーションが異なるのは、のちの校訂者（ピアノ教育者など）が、その時代に適合したスラーなどの奏法を書き足しているからである。本書ではなるべく初版の意図に近いアーティキュレーションに戻すよう試みている。その結果として、作曲者が初期ロマン派的なきわめてシンプルな音楽表現をめざしていたことがみてとれる。

　現在では初版をインターネットで閲覧することができ、また初版に準拠した「ウィーン原典版」も出版されているので、それらとほかの版との比較もたやすい。たんにスラーの問題にかぎらず、分析や研究を進めていくうえではそれらを比較検討する必要性も出てくるであろう。

● ──発想標語と表現

　この楽曲ではじめてもちいられる発想標語 *grazioso* についてふれておく。この「グラツィオーソ（あるいはグラッツィオーソ）」というイタリア語は、「優雅な、美しい、かわいらしい」などの意味で使われる。冒頭および T.3、5、6 での順次進行する旋律線にかんして、ていねいなレガートかつ明確なアーティキュレーションでもって演奏することで、このフレーズのもつ「優雅」な姿が現れるのではないか。

指揮のテクニックとポイント

● ──テクニックの使い分け

　「平均運動」で明確なアーティキュレーションを表現する。「しゃくい」では音のスピード感や旋律の表情を引き出せるように心がけよう。B では旋律線を意識した「軽い叩き」をもちいることで、*leggiero* の雰囲気を出してほしい。

● ──**指揮のポイント**

T.1：①では音楽のもつレガートで、なおかつスピード感を有する表現のために、少し勢いをつけて「しゃくい」、②は「平均運動」でアーティキュレーションを明確に出そう。③は次の「ため息の動機」のための準備として「しゃくい」、T.2①の c^2 をめざして振っていく。

T.2：①は「ため息の動機」に内在する「表情のアクセント」を加味して「しゃくい」、②③は低音パートのコラール的な応答にたいして「しゃくい」あるいは「ごく軽い叩き」でよいだろう。

T.3〜6：前半2小節に準じたかたちでそれぞれのテクニックを必要におうじて考えて振っていく。

T.7〜8：旋律線は例の「ため息の動機」の連続で、前半の頂点を迎えることになる。旋律上の頂点はT.5であるが、T.6③から和声的にハ長調に転調してはじめてのドミナント（属七の和音）となっているので、「和声上の重心[28]」をじゅうぶん感じて演奏する必要がある。また旋律では①②③それぞれの拍頭にわざわざアクセントが記されているので、「表情のアクセント」以上にそれらをより明確に表情づけするため「叩きに近いしゃくい」で振っていく。T.8①点後「引っ掛け」、②③「しゃくい」で *dim.* する。

T.10〜13：前半9小節とは音楽の傾向が大きく異なる。伸びやかでスキップするようなリズムを「軽い叩き」で表現しよう。

T.14：前小節からの *cresc.* の結果として、①はそのエネルギーを感じつつ「しゃくい」。② *f* の「平均運動」、③次小節への6度跳躍のエネルギーを表出するため「しゃくい」。

T.15：①「軽い叩き」、②③同じく「軽い叩き」であるが、*dim.* を意識すること。

T.16〜17：この楽曲の最後のカデンツとなる V_7 − I をじゅうぶん意識し、「しゃくい」で *cresc.* する。T.17は①②ともに「叩き止め」で曲を終える。

● ──**パフォーマンスとしての指揮**

　この楽曲のむずかしさは、たった17小節のなかで「優美さ」「軽妙さ」のコ

---

[28]──和声上の重心は、主としてドミナント諸和音からトニカに向かう過程にある。

ントラストを表現し、最後はあざやかに着地にまでいたるところにある。フレージングやアーティキュレーションを指揮の動作で明確に表すのはたやすくはないが、指揮することは数のカウントや合図を出すだけではないはずだ。ときには、指揮をパントマイムあるいはパフォーマンスとして考えることも大切である。恥ずかしさを捨てて演技するつもりでチャレンジしよう！

タイトルについて

● ──「**無邪気**」とは？

　ここでの曲目タイトル〈無邪気〉は、子ども特有の移り気なムードを表しているのではないか。

　冒頭での表情的で優雅というか、少々「おすまし的？」な旋律線の下行や上行、後半はスキップ的な軽妙なリズムと下行形スケールの後で、こんどはスキップとスケールが反転して *dim.* および *cresc.* があり、最後に *f* で着地する。

　あまり適切な例ではないかもしれないが、現代の日本ならばデパートなどで親の言うことを聞かずに上りのエスカレーターを無理やり逆行して下ってしまい、最後に着地して得意満面！　みたいなイケナイ情景を、ついついイメージしてしまう。

6.
進歩　Progrès

楽曲分析

● ── A：スケールとアルペッジョ

　この楽曲は、ブルクミュラーにしてはめずらしく、テクニックの扱いに終始したものといえる。前半部分はハ長調の上行スケールとアルペッジョから成り立っている。T.1を詳しくみると、2つの重要な動機からなっていることがわかる（譜例11ａ）。小節前半①〜③拍頭の8分音符までは上行形スケールによる動機A、そして後半の2拍では③裏拍から始まる8分休符＋8分音符3個による動機Bである。動機Bは、裏拍から始まることからシンコペーションのリズムが特徴的となっている。

　それら2つの動機と下行アルペッジョが A における主要な要素である。アルペッジョはT.3〜4、7に現れるが、高声部と低声部との掛け合い（T.3〜4）が特徴的で、 B の部分ではさらに発展したかたちがみられることとなる。

　T.8で聴かれるスケールは楽曲中の白眉（はくび）である。これまでのスケールは4回とも、低声部と高声部で3度を構成するいかにもエチュード的なかたちとなっていた。しかし、ここではどんでん返しとして、上声・低声それぞれのスケールが逆行するように書かれている。しかも着地した最後の4分音符の高低差は3オクターヴで、きわめてダイナミックな終結となっているのだ。

● ── B：アルペッジョからスケールへ

　B は動機Bから発展したシンコペーション＋アルペッジョの掛け合いから成り立っている。そして後半4小節のフレーズではイ短調に転調すると、いき

なりブラックホールに入りこんだかのように、デュナーミク[29]が急に *p* となる。そしてシンコペーションだったリズム・パターンがいつのまにか進化してシンコペーション＋上行スケール、さらにはⅤの保続音上のアルペッジョとなり、最終コーナーに向けての新たな *cresc.* が始まる。ドミナントに到達すると *dim.*、そしてダ・カーポ。ハ長調に戻り、ふたたび *p* からのスタートである。

シンコペーション、演奏上の留意点

●——シンコペーションとアーティキュレーション・スラー

　全曲を通してシンコペーションのリズムがたいへん特徴的であるが、シンコペーションの様相は A と B では異なっている。A でのシンコペーションのパターンは、どれも最初が８分休符[30]から始まり、３個の８分音符のようなかたちとなっている。

　いっぽう B ではシンコペーションのリズムが、動機Ｂからの発展形として８分音符２個ずつに細分化され、アクセントとスタッカートをともなってたたみかけるように連続してもちいられている（譜例11ｂ）。このような使用例が、前曲でもふれたアーティキュレーション・スラーである。

譜例11　動機Ａ、Ｂとその発展形

[29]——Dynamik（独）、dynamics（英）：音量の強弱表現のこと。
[30]——楽譜上は８分音符４個であるが、最初の音符はどれも直近の動機Ａの最終音にあたっている。

●――明確なアーティキュレーション

　シンコペーションのリズムをうまく処理するコツは、明確なアーティキュレーションで演奏することである。

　たとえば A でのシンコペーションは、まず③拍頭のスケール最終音を短くスタッカート的に処理し、③裏のシンコペーションの入りの8分音符では、入るさいにほんの少し時間的に待つ意識がなければならない。そして④裏拍のシンコペーション最後の8分音符は、言葉でいえば語尾にあたるので、スタッカート的に短く処理する。上記は一般論であるが、いずれにせよつねに明確なアーティキュレーションでの演奏をめざしてほしい。

　これらの演奏のコツは、そのままアーティキュレーション・スラーの奏法にも生かすことができる。以下にもういちど、3つのポイントをまとめておく。

a．シンコペーションに入るときには、ほんの少し「待つ」あるいは「間を空ける」ことが必要。
b．最初の音はアクセントぎみに。
c．スラーの語尾は短く。

指揮のテクニック

●――引っ掛け

　この楽曲を指揮する場合に重要なのが「引っ掛け」のテクニックである。A でいうと、T.1、2、5、6の③で使用する。③で、③裏拍からのシンコペーション開始の8分音符を引き出すように意識して、斜め右上方に向けて瞬間的なブレスとともに「スッと」振る。そのさいの留意点はけっして「叩かぬ」こと。

Progrès
進歩

指揮法テクニック
- 平均運動
- 引っ掛け
- 叩き
- 引っ掛けの連続

楽曲の構成
- ハ長調、4分の4拍子
- 3部形式(ダ・カーポを含む): A (8) + B (8) + A (8)

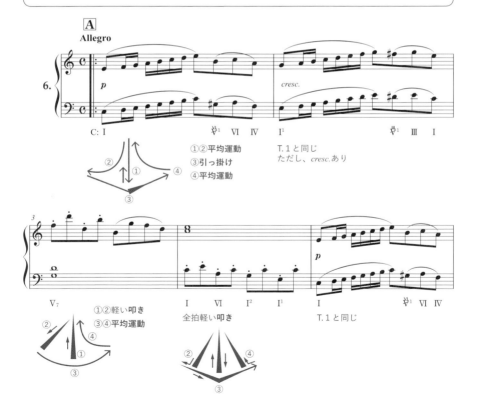

6. 進歩 Progrès

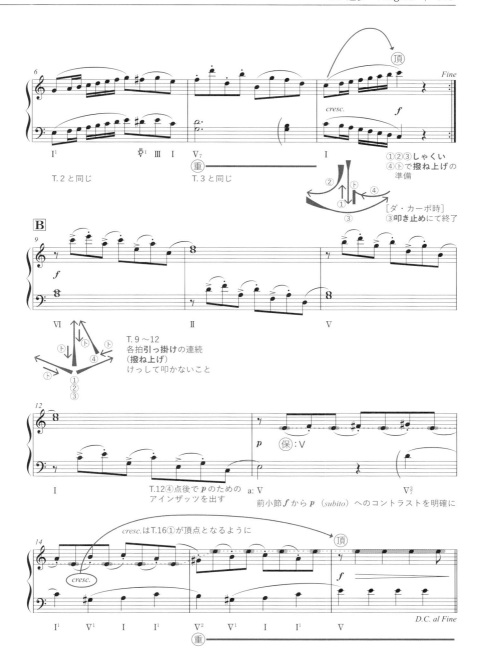

●――撥ね上げを応用した引っ掛けの連続

B では、すべての小節にシンコペーションのリズム・パターンがみられる。それには「引っ掛けの連続」で対処する。すべての頭拍を上方に向けて「撥ね上げる」ことで、次の拍の入りを示すのである（図5）。前項での「引っ掛け」と同じく、けっして拍を「叩かぬ」こと。叩かずに下から上に向けて「撥ね上げる」のだ。

図5

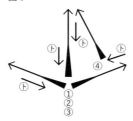

指揮のポイント

T. 1、2、5、6：①②「平均運動」、③「引っ掛け」、④「平均運動」。
T. 3：①②軽い「叩き」、③④「平均運動」。
T. 4：①②③④軽い「叩き」。
T. 7：①②軽い「叩き」、③「平均運動」、④「平均運動」、左手で低声部の4分音符にたいしてアイザッツを出そう。
T. 8：*cresc.* を意識して「しゃくい」。④点後で「撥ね上げ」の準備。
T. 9～12：「引っ掛け」の連続。アーティキュレーション・スラーを意識して振ろう。
T.13：① *subito p* を意識しつつ「引っ掛け」の連続。④左手で低声部の4分音符の入りにたいしてアインザッツを出す。
T.14～15：*cresc.* を意識しつつ「引っ掛け」の連続。
T.16：頂点を感じて *dim.* しつつ「引っ掛け」の連続。⇒ダ・カーポ

「引っ掛け」余談

　私事で恐縮であるが、若かりしころ齋藤指揮法によるレッスンにおいて、この「引っ掛けの連続」ではそうとうに苦労した記憶がある。『指揮法教程』（音楽之友社、初版：1956）の練習課題第4番——F. J. ハイドン《アレグロ・スケルツァンド》でのことである。師の言葉を借りれば、「この空間（中央腹部位置とよばれる、指揮するさいに構える基本位置）にお好み焼き用の鉄板があると仮定する。とても熱いので、こぶしの下の面が鉄板に触れるか触れないかというところで、すぐに撥ね上げるように！」。撥ね上げる瞬間に、いわゆる「指揮者の筋肉」をもちいるのだが、私は不器用でなかなかうまくいかず、合格するまでに何週間もかかった。いや、ひょっとしたら1カ月くらいかかっていたのかもしれない。まわりはどんどん先に進むのに自分だけ取り残されてしまい、とても悔しい思いをした。
　しかし何度も復習するうちにコツを覚えた。ここで、以下のように読者に伝授するしだいである。

● ——「引っ掛け」の準備は「撥ね上げ」
　「引っ掛け」の連続では、その準備のため毎回「撥ね上げ」の態勢にまでこぶしを置いておく必要がある。上から振り下ろすのではなく、下から撥ね上げる（しかもやわらかな動きで）という意識が大切である。

● ——脱力は徐々に
　「撥ね上げるさいにすぐに力を抜くのではなく、素早くではあるが、徐々に脱力していくのである」。苦心して覚えたテクニックはけっして忘れないものだ。

7.
澄みきった流れ（清い流れ）　Le courant limpide

楽曲分析

●──A：1小節2つ取りのビート感

　まずバス・パートに着目すると、冒頭8小節間は「G⇒d」の繰り返しのみである。これは、ト長調・Ⅰの保続音上で音楽が進行していることを示している。このバスの4分音符の動きが、俗にいう「頭打ち（主音：G）と後打ち（属音：d）」とのコンビネーションのようなかたちでリズムの基本を表している。さらにいえば楽譜のうえでは4分音符4個が整然とならんでいて4拍子の体をなしているけれども、Ⅰの保続音であるため主音：Gは継続して響いていると考えられる。そのため、基本ビートは2分音符として聴かれ、おまけにテンポがかなり速いので、事実上2分の2拍子といってよかろう。以上のような特徴から、この楽曲は1小節2つ取りでカウントしていく。

●──主音上の属七

　いっぽうで3連符の動きはあたかも水の流れを表現しているかのようであるが、なんともつかみどころがない。しかし、この3連符アルペッジョが楽曲の和声進行をつかさどり、きわめて重要な役割を果たしているのである。
　奇数小節であるT.1、3、5、7の小節後半のアルペッジョのかたちをよくみると、それがト長調・属七の和音（ドミナントの和音）であることに気づく。ここではバスがⅠの保続音になっているので、とくに「主音上の属七の和音」（$\overset{\text{I}}{\text{V}}_7$）という。保続音の響きに埋もれてしまって意識することがむずかしいかもしれないが、それらドミナントの和音をフレーズの重心と感じとりフ

レーズ進行をみていく必要がある。そこにこのフレーズを読み解くカギがあるのだ。

●――意外にしっかりした旋律線

旋律線については、上声部・下の4分音符のラインがその基本となっている。そして3連符・2番目の音が旋律線の6度上の音となってい、旋律線を追いかけるようなかたちで事実上、旋律の第2声部として聴かれる。3連符全体で川の流れを描いているようでありながら、旋律のラインはそれを援用した2声部（しかもハモッているので、デュオ的な旋律線）になっているといえよう。演奏にさいしては、フレーズの流れのなかで保続音とともにこの旋律デュオをつねに意識しなければならない。

●――B：属調への転調、見通しのよさと川幅の広がり

後半8小節は、属調のニ長調に転調している。ここでは以下の表1のように、ほとんどの要素が前半と交代している。

表1

	T.1〜8	T.9〜16
旋律線	上声部：第2声部	バス声部
旋律線：第2声部	上声部：3連符の第2音	上声部：3連符の第2音
保続音	バス声部	上声部：3連符の第3音

旋律線をバス声部が担当することで、一筆書きのごとく輪郭がくっきりとして明確になっている。旋律の第2声部も、最高音部をもちいていることでラインがきわめて明瞭に聴きとれる。加えて3連符・最初の拍が休符になっていることも見通しのよさを助長しているといえる。旋律線がバス、第2声部がソプラノということで、音楽の流れ全体が大きな枠組みとなり、Aよりも川幅が広がったように印象づけているところである。

Le courant limpide
澄みきった流れ（清い流れ）

> **指揮法テクニック**
> ・in 2
> ・撥ね上げ

> **楽曲の構成**
> ・ト長調、4分の4拍子
> ・3部形式（ダ・カーポを含む）：A（8）＋B（8）＋A（8）

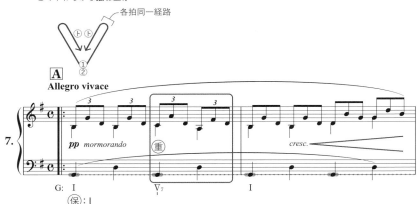

T.1～8：奇数小節の②に、アフタービート的な重心を感じながら音楽を進めていく。旋律線はピアノ右手パート内声にある。旋律の第2声部（デュオ的なハーモニー声部）が右手パート3連符の2回目にみられる。

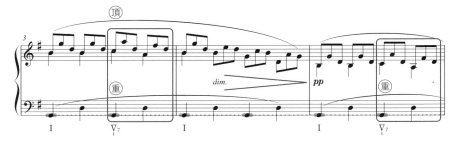

7. 澄みきった流れ（清い流れ） Le courant limpide | 079

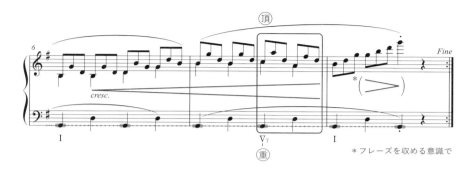

* フレーズを収める意識で

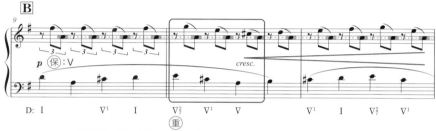

T. 9〜16：偶数小節に重心を感じながら音楽を進めて行く。

旋律線は、ピアノ左手パート（バス・パート）にある。旋律線のハーモニー声部は、右手パート3連符の最初の音にみられる。

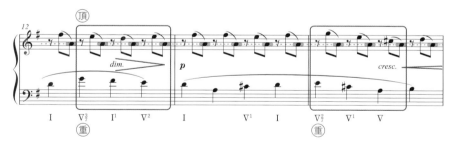

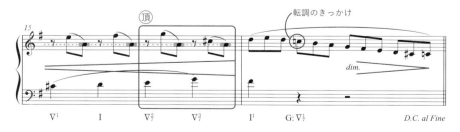

●――潜行するⅤ保続音

　Bの保続音はニ長調の属音 a^1 で、内声部に埋めこまれている。Aではバス声部が保続音を担当しており、主音と属音が1小節のなかで交互に鳴らされる規則的なリズムでもって川の流れを印象づけていた。しかしここでは内声での保続音が、川底に潜行しているかのような緊張状態を表出しているのではないか。

●――フレーズの頂点

　ここではバス・パートがそのまま旋律となっているので、V_7－Ⅰのようなカデンツの進行を頼りに、Aと同じように *cresc.*、*dim.* の組み合わせを考えてみてほしい。ちょうどフレーズの3～4小節目、7～8小節目（T.11～12、15～16）に件（くだん）の進行があり、*cresc.*、*dim.* と連携している。それらを関連づけて考えていくと、その先に旋律の最高音 g^1 が2回見えてくる。

　1回目の頂点は、Ⅰ－V^3_7－I^1 のカデンツがある T.12、そして2回目はフレーズ最後のカデンツとなる T.15～16 である。それら2カ所を意識していれば自然なフレーズ進行がおのずとみえてくるにちがいない。

●――転調のきっかけ

　この楽曲はダ・カーポすることで3部形式を構成している。そのさいにB（ニ長調）からA（ト長調）に戻るわけであるが、きっかけとなるのが T.16 の c^2 である。この小節の最後までがニ長調だが、ここでド♮の音が鳴ることによってハーモニーは一瞬のうちにト長調へと突入する。ド♮はト長調 V_7 の第7音にあたるからだ。なにげなく降りてくるスケールのなかで、瞬間的に属七の和音が聴かれ、転調への飛びこみスポットなっているのだ。自然なディミヌエンドとともにこの音を意識して進めていこう。

発想標語

　この楽曲では、普段あまり使われることのない *mormorando* という発想標語がみられるので、ふれておくことにしよう。

　mormorando（伊）：ささやくように

　初版以降ずっと、この標語はどの版においても mormor<u>e</u>ndo と表記されているが、誤植であり、mormor<u>a</u>ndo が正しい。この単語は英語では murmur といい、ラテン語起源のことばである。3つのどの言語においても、「つぶやき、ささやき、ぶつぶつ言う、小川がさらさら流れる音」のような意味をもつ。

指揮のテクニックとポイント

●――1小節2つ取り
　楽曲分析の項で述べたとおり、この楽曲は4分の4拍子で書かれているが、1小節を2つ取り（in 2）で振っていく。デュナーミクも *pp* 〜 *p* と限定されており、かつ音楽的にきわめて繊細（せんさい）であるため、「ごくやわらかな撥ね上げ」がふさわしいだろう。

●――アフタービート的な乗り
　とくに A では、「主音上の属七の和音」を中心とする和声の重心について感じとり、フレーズを進行させてみよう。それができたら、次に表現上、*cresc.*、*dim.* が書かれている部分にじゅうぶん注意してフレーズを流してほしい。そうすれば奇数小節の②の V_7（主音上の属七の和音）に内在している緊張を感じて演奏にあたれば、アフタービート的なリズムの乗り方がみえてくるだろう。それこそが、このとりとめのないフレーズを解釈するポイントであるといえる。

B 部分では、旋律線の上行・下行および和声的な重心により微妙な「揺れ」が多くみられる。それらについてやわらかく繊細な動きのなかで表現できれば、たんにカウントするのみのメトロノーム的な指揮から脱することができるだろう。「言うは易し」だが、この楽曲はそれにチャレンジするにはもってこいの素晴らしいレパートリーになりうると思う。

8.
優雅な人（優美）　La gracieuse

楽曲分析

●──バロックの装飾法
　この楽曲のもっとも大きな特徴は、バロック時代の装飾法の模倣である。ここでおもにもちいられているのは「ターン[31]」という装飾法である。バロック時代は楽譜上に記号で示されることが多かったが、ブルクミュラーはすべてを楽譜に書きこんでいる。

●──A：旋律の骨格
　最初に上声部の旋律について分析する。まず装飾音を除外して旋律の骨格だけを追っていく（譜例12）。アルペッジョを主体としたその骨格はきわめてシンプルで、進行しているハーモニーそのものといってよい。なかでもT.4の長6度のレガートでの跳躍が美しい。ヨーデルにも似たこのふくらみにはクレッシェンドとディミヌエンドが書きこまれているが、「微妙な表情」として受け止め、ごくひかえめに上品に処理できるかどうか、加えて高音域ならではのきらびやかな表現ができるかどうかが、ここでの試金石となろう。その小節はちょうど和声的にも、それまで2小節続いてきたドミナントからトニカに解決する部分にあたる。積みあげてきた音高と緊張が解き放たれる瞬間でもあるのだ。
　後半4小節は頂点からの下行に始まる。T.5は初の借用和音（$\overset{v}{V}_7$）でコード

---

[31]──turn（英：ターン）：ある音をその2度上と2度下の音を使って回転させるように弾くバロック時代の装飾音の一種。回音ともいう。

ネームはD₇であるから、新たな緊張感が生まれ、そこからⅡの和音に解決する。一見するとニ短調に転調しているようだが、ここはたんにⅡの和音に行くための連結である。

　終結の2小節はV₇－Ⅰのカデンツで、バスのリズム打ちが加わることで、フレーズの終結を明確に印象づけている。気持ちが引き締まる。最終小節には大きな特徴がある。まず、旋律線のいきなりの1オクターヴ上行である。この音域は、これまでこの曲集ではもちいられたことがなく、ピアノの最高音域にあたる。そして、ここでの最後を飾る和音の最高音と最低音との差異は、じつに5オクターヴにおよぶ。

譜例12　〈優雅な人〉の旋律の骨格

● ——登山のイメージ

　この8小節間は、山登りに似ている。3小節かけて徐々に高みに迫り、4小節目は頂上から「ヨーデル」であいさつを。そしてこんどは下山しつつ隣の山並みに臨んでふたたび「ヨーデル」を歌う。終結の最高音域への上昇は、隣の山々から聴かれるこだま（エコー）かもしれない。

　リズム的にいえば、T. 7では下山したことを示すように、同じリズム・パターンをドミナントのコードで3回繰り返す（「短いヨーデル」×3回）。T. 8は、和声的にⅠに解決することで登山の終わりを示している。消え去るような *dim.* は、やはりこだまであろうか。

　旋律の骨格を中心に考えると、そのようなストーリーが浮かんでくる。もちろんブルクミュラーが登山を思い浮かべながら創作したかどうかはわからない。しかし、自分なりの音楽的ストーリーを組み立てて演奏に役立てることは、とくにこのようなキャラクター・ピースの場合は無益ではなかろう。

　実際の演奏にさいしては、やっかいな32分音符の処理に気をとられがちだが、技術的な部分からいったん離れて旋律の骨格を分析すると、そこにはまっ

たく別の景色が見えてくるのである。

● ──発想標語と表現：molto legato e leggiero
　A の特徴についてであるが、まずは「きわめて上品かつきらびやかに」である。このことは作曲家による演奏指示のなかに、すでに書きこまれている。標語前段の *molto legato* は音をじゅうぶん保持することで「きわめて上品に」仕上げることであり、*leggiero* には後段の「きらびやかに」が対応できる。*leggiero* は音楽用語として、一般的には「軽い、軽快な」の意味で使われるが、「明るい、喜び、輝き」などの意味ももつ。したがって、装飾音のもつすばしっこい動きやきらびやかな性格は *leggiero* で示し、それらをつなぐスラーは *molto legato* で演奏してほしいという意味にも考えられるだろう。

● ── B ：転調とダ・カーポ
　B は、属調のハ長調に転調している。装飾音パートがバスに交代する。ここではハ長調の典型的なカデンツを2回繰り返した後でダ・カーポする。ダ・カーポにさいしては、前曲とは異なり、最終小節ですぐにハ長調のIが鳴る。そして②裏拍のシ♭が現れるところで、じつはそれがまた次のヘ長調の準備のためのドミナントだったと知覚できるだろう（シ♭が鳴った箇所でのコードはヘ長調の属七であるC_7）。このケースでは、ちょうどシ♭のところに *poco riten.* の指示が書きこまれてい、それがダ・カーポへの合図といえる。

● ──聖歌隊
　この部分の上3声について、楽譜上の印象からは聖歌隊の合唱を想起させるものがある。ときどきテノールやバスも加わって本格的な混声合唱の響きも聴かれる（T.11、15〜16）。
　ここでのメッゾ・スタッカート（スラー・スタッカート）部分を、器楽的に1音ごとに明確に句切って演奏することがままある。しかし、聖歌隊をイメージしてレガート的な演奏を試みるのもおもしろいと思う。少々音域は高めだが、4、5名でこの部分を実際に合唱してみるのもよいだろう。演奏に新たなイメージをもてるようになるかもしれない。

La gracieuse
優雅な人（優美）

指揮法テクニック
- しゃくい
- 叩き
- 引っ掛け

楽曲の構成
- ヘ長調　4分の3拍子
- 3部形式（ダカーポを含む）：A（8）＋ B（8）＋ A（8）

8．優雅な人（優美） La gracieuse

指揮のテクニックとポイント

●──指揮のテクニックについて

　ここではおもに「しゃくい」「叩き」「撥ね上げ」のテクニックをもちいる。全曲を通してバロック風の装飾音「ターン」のリズムがきわめて特徴的であり、指揮するさいには、そのリズムに内在するスピード感や優雅な雰囲気を表現できるように心がけよう。

●──指揮のポイント

T. 1～3、5～6：前半8小節は、ほとんど同じパターンで音楽が進行していく。とくに最初の3小節は、まず旋律の32分音符によるバロック風「ターン」の上昇エネルギーとスピード感を表現するために、①②ともに「しゃくい」。これも「ターン」の動きのなかに「振り子のリズム」を感じるとよい。③は伴奏のリズムを意識して軽い「叩き」でよいが、ただし点後に裏拍を感じること。
T. 4：旋律の *cresc.*、*dim.* にともなって表情を出せるように①②「しゃくい」、③ごく軽い「叩き」。「上品かつきらびやかな」表現をめざして。
T. 7：伴奏のリズムを意識して①②③軽い「叩き」。
T. 8：①「叩き」、点後 *dim.* をともない「しゃくい」、②「しゃくい」、③ごくやわらかな「叩き止め」。

　ここは *pp* でフレーズが終結する。次のフレーズの入りは *mf* であるから、③点後に *mf* の予備を出さなければならない。そのことを明確に意識すること。さらにもう1点、Bからの音楽のキャラクターはレガートで合唱的な「歌心の表現」が必要である。したがって予備拍のブレスも、通り一遍のものではなく粘りのあるブレスで次のフレーズを引き出せるよう心がけること。
T. 9～10、T.13～14：ここからハ長調に転調。最初の2小節は①「しゃくい」、②「しゃくい」および②裏からの旋律を引き出すための「引っ掛け」、③「しゃくい」。T.13にはデュナーミクの指示がないが、前後関係から再度 *mf* に戻ると考えられる。
T.12：①②「しゃくい」。③最後の8分音符のために「引っ掛け」。次の T.13

①が mf に戻るつもりで予備を出すこと。
T.11、15：①②③ cresc. をともなう「しゃくい」。
T.16：①軽い「叩き」、点後「しゃくい」、②③「しゃくい」。dim. e poco riten. および転調の準備のためのドミナント和声（F：V_7）を聴きつつ、点後を引き延ばす。

タイトルについて

　タイトルにある gracieuse あるいは同義語の grâce を、英語に置き替えると grace で、「優美、優雅、気品、上品」など、両者ともにほぼ同じ意味をもっている。装飾音をもちいること自体が、「優雅で、上品な」ものだということかもしれない。

　ブルクミュラーは、ここで「優美、優雅」という意味の単語と、「装飾音」という意味の２つを掛けているのではないだろうか。あるいは、あるブルクミュラー関連のウェブサイト[32]で語られているように女性名詞への定冠詞 la が付くことで名詞化し「優美、あるいは優雅な人（女性）」ということか。

　ひょっとしたら、作曲家は「装飾音のパッセージを優雅に弾く貴婦人」などとイメージしてタイトルを付けたのかも……。

[32]——全日本ピアノ指導者協会（PTNA）ホームページ掲載の「みんなのブルクミュラー」の以下ページを参照：http://www.piano.or.jp/report/02soc/bma/2009/12/29_10056.html

9.
狩り　La chasse

楽曲の背景と分析

●──序奏：狩りと伝統のホルン

　狩りといえばホルンであり、8分の6拍子である。ホルンの先祖である角笛[33]は、古くは動物の角から作られていた。時代をへて角笛はホルンに取って代わった。狩りにはホルンがつきもので、出かけるさいのファンファーレ、獲物を見つけたときや追い立てるさいのファンファーレ、また捕まえた獲物たちの魂に捧げる音楽もあった。狩りの音楽はホルンの合奏で演奏された。

　西洋では狩猟に出るさいには馬に乗って出かけるが、馬の手綱を右手でもつので、楽器は肩に掛けて左手で支えた[34]。獲物を捕まえるためのファンファーレの合図を先導隊が吹き、後方に向けて伝わるように楽器のベル（朝顔）は後ろ向きであった。ベルが後ろ向きの理由にはもうひとつある。ベルが前や上を向いていると、ファンファーレを馬の耳に向けて鳴らすことになり、馬が驚いて暴走してしまうからだ。他の金管楽器ではすべてベルが前向き・上向きであるのに、ホルンだけベルが後ろ向きなのは、こんな理由があるのだ。

　そして8分の6拍子の「4分音符と8分音符」の連続によるリズム・パターンは乗馬のリズムであり、狩りの音楽に8分の6拍子は欠かせない。日本人にとってあまりなじみのないリズムかもしれないが、たとえばF. v. スッペ

---

[33]──角笛を意味するコルノ（伊：corno）、コール（仏：cor）は、現在そのままホルンの名称として使われている。
[34]── 19世紀前半までホルンにはヴァルヴ（ピストン）がなかったので、円形に大きくぐるりとひと巻きしただけの形状であった。

の《軽騎兵》序曲中間部でのトランペットによる有名な進軍のテーマといえば、おそらく誰もが知っていることだろう。ちなみに、その場面で伴奏リズム（乗馬リズム）を刻んでいるのはホルンである。

　さて、序奏4小節間のファンファーレ的な楽句は、以上のような経緯から、また音域からいっても、ホルンのために書かれていると考えてよい。この楽句がファンファーレであることは、音符の上に記されている楔形スタッカートからもわかる。〈アラベスク〉の項でふれたように、作曲者は格別に歯切れよく鋭いスタッカートを要求したいときだけ、それをもちいた。〈狩り〉においても、楔形および点の2種類のスタッカートを使い分けている。

　ここでファンファーレが p に始まり、f までクレッシェンドし盛りあがっていくのは、狩人たちが遠くのほうから近づいてくる情景を遠近法的にとらえているからであろう。

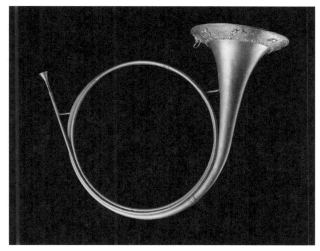

狩猟ホルン

La chasse
狩り

> **指揮法テクニック**
> ・叩き
> ・しゃくい
> ・撥ね上げ

> **楽曲の構成**
> ・ハ長調、8分の6拍子　＊序奏にアウフタクトあり
> ・ロンド形式：序奏（4）＋ A (8) ＋ B (8) ＋ A (8) ＋ C (8) ＋ A (8) ＋コーダ（12）

9. 狩り　La chasse

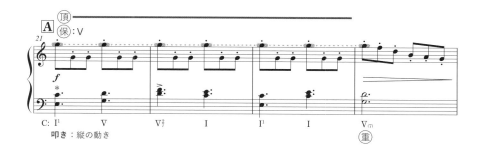

レガートおよび *dolente*（悲しげに）を意識して
しゃくい：横の動き

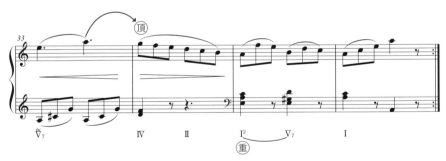
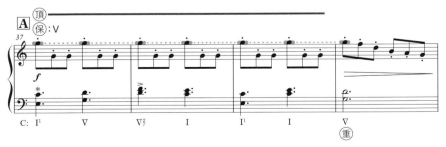

9. 狩り　La chasse | 095

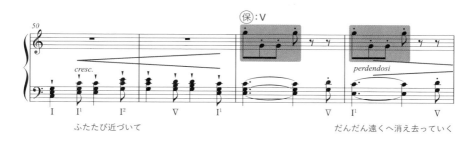

●──A：ホルン5度、乗馬のリズム

1．ホルン5度

　冒頭のホルンのファンファーレは3声部で書かれている。Aからホルン・パートは2声部となるが、まずT.5～6、7～9に注目してほしい。T.6①は倚和音であるから除外するとして、T.5からT.6にかけての低音2パートの動きは、上声部が「ドーレーミ」という旋律的な順次進行にたいして、下声部は「ミーソード」という少し中途半端な進行となっている。その2番目のコードはハ長調のⅤ度であり、上下2声間の音程間隔が完全5度となっている（譜例13）。このような和声進行を「ホルン5度」とよぶ。

　不自然なようにも聞こえるこの進行はなぜ生まれたのだろうか。それはホルンの発展と関連がある。19世紀半ばまで、ホルンやトランペットにはヴァルヴ（ピストン）がなかったため、自由に旋律を演奏することができなかった。そのため曲中、2声部でハーモニーを組もうとしても、ある音域内ではどうしても上記のように不自然な進行になってしまう。

　しかしいっぽう、2本のホルンでその進行を演奏すると、楽器自体の倍音列と純正律による独特の和音が、なんとも言いがたい美しい響きを醸しだし、それがきわめて特徴的だった。そのため、この和声進行をとくに「ホルン5度」と名づけたのである。当初は楽器の不都合さから採られた苦肉の策が、その独特の響きから逆にホルンの代名詞のような和声進行に発展し、狩りやホルンをイメージさせるような場合にひんぱんにもちいられるようになったわけである。

　事実ここで、本来はたんに和声進行であったこの2声部のホルン5度モティーフは大幅に格上げされて、その進行自体が旋律として扱われているのである。

譜例13　ホルン5度

2．乗馬のリズム、開いた終止、閉じた終止

　次にAの高音パートであるが、これは旋律でなくリズムである。拍ごとに規則正しくリピートされる1オクターヴ跳躍のモティーフは、あきらかに乗馬

のリズムを描写している。ちなみにこの1オクターヴによるg^2、g^1のリピートは、属音の保続となっている。

　1フレーズを4小節としてとらえると、最初のフレーズの終止は半終止、2つ目は全終止している。楽曲分析のカデンツの項での説明の補足となるが、半終止は「開いた終止」といい、文章でいうと読点、コンマに相当する。全終止は「閉じた終止」といい、文章上の句点、ピリオドに相当する。ここでの「開いた終止」の意味は、フレーズの次への発展性（可能性）のための半終止ということであり、「閉じた終止」には「いったんフレーズを締めます」との意味がこめられている。

　乗馬のリズムを基本とした同じような繰り返しでありながら、2回にわたるホルン5度の旋律が乗馬の途中なのか、あるいは狩場に到着しフレーズ全体を締めくくろうとしているものなのか、しっかり把握しておこう。

● ── B：ハ短調、属音の保続、不穏な空気

　B の8小節間は、通してハ短調である。フレーズは4＋4であるが、どちらも半終止している。ここでの特徴は、またしてもVの保続である。伴奏パートの最初の3小節間（T.13～15）のg^1が、保続音の役割をになっている。そして伴奏リズム・パターンの最初が休符から始まり、2番目の倚音にリズムの重心がかかるので、リズムそのものがギクシャクとした印象をあたえる。加えてフレーズの始まりも終わりもVであり、フレーズ全体もVの保続のなかに囲われているので、緊張をはらんだ不穏な雰囲気が醸しだされている。

　ここでの旋律線は「ソプラノ・アルト」2声部のデュオになっている。2度下行、3度下行という下行進行の繰り返しが不安さをあおっている。

● ── ふたたびの A

　2回目の A は、楽譜上の変更はなく、最初とまったく同じものである。

● ── C：イ短調、安定した流れ

　ここからは伴奏形の最初のAがイ短調Iの保続音であり、先ほどのハ短調の部分とは異なりきわめて安定した流れで始まる。このフレーズでの大きな特

徴は、借用和音（準固有和音）としてイ短調のⅣ度調（ニ短調）の属七の和音（$\overset{\text{iv}}{\text{V}}_7$）がもちいられていることだ。この楽曲全体を通して準固有和音が使用されているのは、なんとこの箇所だけである。曲集始まっていらいの本格的なロンド形式の曲であり、全56小節とそれまでのどの楽曲よりも長いのにもかかわらず借用和音１カ所のみとは驚きだが、印象的なイ短調のフレーズの頂点に向かうカデンツのみにそれが使用されているところをみれば納得がいく。

●──３度目の A

　ここにも楽譜上の変更はなく、最初の A とまったく同じものである。ただし最後の１音のみ差異が２つある。まずコーダに入るために最後の１音を８分音符で終えていること（T.48②）。もうひとつは、コーダ直前でのカデンツにおいてバス・パートが第３音のままであることだ。しかし、どちらも大きな問題ではない。この楽曲での A 部分は、３カ所とも基本的に同じととらえていいだろう。

●──コーダ

　冒頭と同じ狩りのファンファーレがふたたび聴かれる。狩人たちの帰還である。ファンファーレの断片を３回繰り返し、徐々に消えゆくように曲を閉じる。

楽曲の形式

●──ロンド形式、調の選択：「アラウンド・ハ長調」

　この楽曲はロンド形式で作曲されており、これまで曲集で使われてきた２部形式、３部形式と比べると格段に大きな規模の本格的な作品となっている。ロンド（仏：rondeau）とは、旋律Ａ（ロンド主題）を中心に異なる旋律をはさみつつ、ロンド主題を何度も繰り返していく形式である。
　ロンド形式には、おもに以下の２つの種類がある。

・小ロンド形式：ＡＢＡＣＡ
・大ロンド形式：ＡＢＡＣＡＢＡ

　ここでの楽曲の構成は小ロンド形式に準じたものとなっている。それぞれの部分の調性を対応させた表を以下に示す。

表2　アラウンド・ハ長調

　表2を見ればわかるように、この楽曲はハ長調を中心として、同主調＝ハ短調および平行調＝イ短調という近親調をもちいて、対照をつけつつ曲を構成している。まず転調の順がよい。ハ長調から同主調、そしていったんハ長調に戻った後に平行調というように、初学者でも抵抗なくその調に入っていけるように配慮されている。そしてハ長調におけるスタッカート中心のマーチ風の狩りのキャラクターによって全体の枠組みをかたちづくり、抒情的な短調の部分とのコントラストをとてもうまく配分している。結果として調の移り変わりがきわめてスムーズなので、楽曲としてのまとまりもよい。「アラウンド・ハ長調」ともいうべき絶妙の構成観が、曲集中でもこの楽曲がとくによく知られている最大の要因かもしれない。

◉──〈狩り〉の音楽的ストーリー

　ここでは、〈狩り〉の音楽的ストーリーについての一例を示すこととする。
序奏：狩りへの出発。ホルンのファンファーレとともに勇ましく狩りに出かける。
Ａ：1オクターヴ跳躍のリズムは、先に述べたとおり、「乗馬のリズム」を示している。さらに狩りに出かけるさいの気持ちの高揚も併せて表しているといえよう。
　狩り1：いよいよ狩りの始まり。
Ｂ：ハ短調への転調による不穏なムード。獲物が取れるかどうか少し心配になる。気持ちの動揺が伴奏の裏打ちリズムに表されている。さらにT.16の伴

奏パートでの抑揚でさらなる不安感をあおる。ひょっとしたらとつぜんの雷雨に見舞われたのかもしれない。
A：狩り2：狩場を移動して第2ラウンドの始まり。
C：イ短調で、しかも *dolente*（悲しげに）と記載されているので、ここで獲物への弔いの気持ちや畏敬の念が表れているのかもしれない。
A：狩り3：狩りの第3ラウンド
コーダ：ファンファーレとともに狩りからの帰還。獲物が取れたという喜びの合図が、例の1オクターヴ跳躍（下行＋上行）のモティーフの断片で表されている。

発想標語

この楽曲ではじめて示された発想標語は以下のとおりである。

- *un poco*：ほんの少し
- *agitato*：動揺した、揺れた、不安な、興奮した
- *dolente*：悲しげに
- *perdendosi*：消え入るように（しだいにゆっくり、そして弱く）
  perdendosi の類語：*calando*、*morendo*、*smorzando*

指揮のテクニックと表現

●──叩き、しゃくい、撥ね上げ

この楽曲では、**Allegro vivace** という快速で進行していくスピードのあるテンポ感と音楽のもつ活気を示すために、1小節を2つ取りで振っていく（in 2）。イ短調の C の部分では、伴奏形のレガートを示すためにやわらかな「しゃく

い」あるいは「撥ね上げ」を使用する。「叩き」は軽く、「しゃくい」「撥ね上げ」ではフレーズの流れを重視することが大切である。

　以上のようにテクニックを使い分けて振るようにすると、さまざまなヴァラエティをもつこの楽曲のキャラクターの変化に対応できる。

●──指揮のデザイン：縦の動きと横の動き

　前項で述べた指揮のテクニックについて、たんに振り分けるだけでなく、振るさいに「縦の動き」「横の動き」のように、動きそのもののデザインとコントラストについて考えてみるとよい。

　ファンファーレおよび狩りを表す序奏、Aおよびコーダは、スタッカート、マルカート風の音楽なので、「叩き」が中心となる。そこでは図形を上下に取り、「縦の動き」中心に振ることができるよう留意しよう。

　次にBおよびCでは、「しゃくい」「撥ね上げ」中心のなめらかな動きとなるので、図形を横に取ることで、「叩き」のフレーズとのコントラストを出せるように心がけよう。

　そのように各部分のコントラストを付けて振ることができれば、さまざまなヴァラエティをもつ音楽のキャラクターの変化に対応できるだろう。

10.
やさしい花　Tendre fleur

楽曲分析

　この楽曲は、A ニ長調、B イ長調とシャープ系の長調からなっている。曲集で唯一のニ長調の楽曲である。各部分が8小節ずつといういたってシンプルな3部形式であり、序奏もコーダも付いていない。

●───A：旋律の特徴
１．バール形式
　A は、2＋2＋4のバール形式のフレーズからなっている。
　前半2小節を詳しくみると、T.1はⅠ（トニカ）のアルペッジョ上行形、T.2はⅤ₇（ドミナント）でのアルペッジョ下行形（③で第2声部[35]への受け渡しあり）がきわめて特徴的である。次の2小節（T.3〜4）でも引き続き、トニカのアルペッジョ下行形、ドミナントのアルペッジョ下行形というようにあるパターンを規則的に繰り返すことで2小節ごとの対となっていて、それがバール形式の一端をになっている。
　そしてここでのもうひとつのコンビネーションは、T.2、4における第2声部から第1声部への2分音符の2オクターヴ跳躍（ドミナント、上行）である。アルペッジョ・パートと和声音パート双方の行く末が、まるで「あっち向いてホイ」のごとくそっぽを向いているところがおもしろい。

---

[35]──ここでの下の声部は、音域的に、バスというよりはむしろアルトであろう。それゆえ「第2声部」とした。

2．2声のポリフォニーとユーモア

いっぽうで後半4小節はカノン的なフレーズで、順次進行する旋律線が特徴となっている。T.5～6でのたがいの旋律線が逆行する様子が、*cresc.*、*dim.* の抑揚も含めてたいへんにおもしろい。フレーズの終わりのほうでは旋律線が並行となり、最後は長3度でハモッて終結を迎える。まるで「最初はイヤイヤしていたのが、最後は寄り添って帰る」ツンデレ的な様子を2声で表しているかのようなフレーズの運びがじつにユーモラスである。その間フレーズの流れが途切れることなく、絶えず流れつづけているところもまた興味深い。

3．アーティキュレーション・スラーとレガート・スラー

次に演奏法的にこの8小節間を見ていくと、前半4小節はアーティキュレーション・スラー、後半4小節はレガート・スラーがもちいられている（譜例14a）。冒頭の発想標語に *delicato*（繊細に）とあるのは、「アーティキュレーションを明確に使い分けなさい」という意味にも受けとることができるだろう。ちなみにこの曲集は初版以降にさまざまな版が出版され、そこではアーティキュレーションの変更もあまたみられる。ある版[36]においては、後半4小節について2小節ごとの大胆なフレージング・スラーがかけられている。前半4小節と後半4小節との奏法上の対照という意味では、それもありだと思う（譜例14b）。

---

[36]── A. Ruthardt 校訂による1903年ごろの C. F. Peters 版（Leipzig）。

譜例14　T.5〜8：初版でのシンプルなレガート・スラー（a）と改訂版のフレージング・スラー（b）

a

b

●──B：属調への転調と再現、カデンツとアインガング

　この部分は属調のイ長調に転調している。音楽の内容は、アーティキュレーション・スラーをもちいての上行アルペッジョの受け渡しなど、Aですでにおなじみのモティーフが少しかたちを変えて現れる。たとえば第2声部の出だし2小節（T.9〜10）のパターンは、冒頭の第1声部と同じくアーティキュレーション・スラーがもちいられているし、同じ部分の第1声部はT.2から音符の順番を逆にしたものである。そしてまたこのフレーズもバール形式である。とくにこの2小節はまったく同じことの繰り返しであるから、演奏上の工夫として2回目（T.11〜12）にエコーの効果をほどこしてみてもよいだろう。

　後半4小節（T.13〜16）では、イ長調の定型カデンツ（$II_7 - I^2 - V_7$）がもちいられている。ところでここでカデンツを聴いて、はじめてバス・パートを発見したような気持ちになるのはなぜなのか？　事実、カデンツとして明確に認識できる箇所はここのみであるといってよい。作曲者は2声部中心のこの可愛らしい「音の遊び」のような小曲において、再現部に向かうこのフレーズだけのために、バスを含む4声体によるカデンツをもちいようと画策していたのだ。よって演奏にさいしては、この「カデンツによる刻印」をじゅうぶんに意識し再現部に入るべきであろう。

　さてこのカデンツであるが、ここではカデンツと次のパッセージとの関連について掘り下げて考えてみよう。カデンツはT.15①で終了し、T.15を含む残り2小節はニ長調に戻るための「アインガング」的なパッセージとなっている。アインガング[37]とは、たとえばモーツァルトのピアノ協奏曲などで、オーケストラの間奏からソロの部分に入っていくための導入パッセージのことである。

　T.15〜16のパッセージの中から和声音のみを取り出してみると、「ラーソ♯ーファ♯ーミ」という下行順次進行がもちいられている。仮にT.13〜15①までのバスを含むカデンツが、コンチェルトにおけるオーケストラの間奏だとすると、それを引き継ぐ2小節（T.15〜16）は、再現部を引き出すためのピアノ独奏によるアインガングのように聴かれるのだ。そしてそのアインガング的なパッセージの楽譜をよく読めば、その冒頭において「ソ♯ーソ♮」に変化する

---

[37]──Eingang（独）：日常的には「入口」の意味。

ことで、イ長調からニ長調（再現部）への回帰が、すんなりとおこなわれていることにも気づく。

　ここでは、〔オーケストラ⇔ソロ〕のコントラストを明確に感じるために、モーツァルトのピアノ協奏曲をイメージして演奏にあたってみよう。そうすれば、いままで見えることのなかった別の光景がうかんでくるかもしれない。

発想標語と表現：ritardando、rallentando、ritenuto

　ここでよくもちいられる上記の3種類の発想標語について説明しておこう。一般にはすべて同じ意味のように取られていることがあるが、実際は少し異なる。

- *ritardando*：しだいに速度をゆるめて（あまり感情をこめずに自然に遅く）
- *rallentando*：徐々に遅く（感情をこめて、みずからの感情としてだんだん遅くしていく）
- *ritenuto*：すぐに遅く（急ブレーキ的に遅くする）

楽曲の背景

●──ブルーメンシュトゥック

　ピアノのためのキャラクター・ピースについてはすでに述べたとおりであるが、そのひとつに「花の曲（ブルーメンシュトゥック、独：Blumenstück）」という分類がある。その代表格はブルクミュラーと同時代で、本書にもすでにその名が何度も登場しているロマン派の作曲家シューマンの小品、《花の曲》op.19（1839）である。そのものズバリのこのタイトルは、ドイツの作家 J. パウル（1763–1825）の小説『ジーベンケース、花と果実といばらの画』（1796）

からインスピレーションを受けている[38]。このシューマンの愛らしい小品の作品番号は19であるが、そのひとつ前の op.18 は、なんと《アラベスク》である。シューマンの性格的小品が、ブルクミュラーのこの曲集にあたえた影響はきわめて大きかったといえるだろう。

　「花の曲」シリーズの性格的小品はそれにかぎらない。シューマンの作品ではほかに《森の情景》op.82（1850）のなかにも〈寂しい花〉と題された曲があるし、ブルクミュラー[39]をはじめ、シューマンやベルリオーズとも交流があったパリ在住の作曲家 S. ヘラー（1813-1888）もまた、上述の J. パウルの小説から影響を受け、18曲からなるピアノ小品集 op.82（1853）を書き残している。

●——愛らしい小品

　これら一連の「花の曲」にみられる特徴は、やさしく愛らしい雰囲気をもつピアノ小品であるということだろう。

　ブルクミュラーによるこのブルーメンシュトゥック、〈やさしい花〉では、ピアノの右手パートと左手パートとがカノン風にやさしく受けこたえしながら楽曲が進行していく。アルペッジョの掛け合いと付かず離れず順次進行する旋律の繰り返しが中心であるが、なぜか心なごむ「間奏曲」のような一品といえる。

　事実、ファンファーレとともに元気よく馬に乗って出かける前曲〈狩り〉と、小鳥の軽やかな羽ばたきを描写した〈せきれい〉のあいだに置かれ、25曲中のほぼまんなかにあるこの〈やさしい花〉は、この曲集における「間奏曲」といってさしつかえないだろう。

---

[38]——ちなみに後期ロマン派の作曲家 G. マーラーも、J. パウルからインスピレーションを受けて交響曲第1番《巨人》（1889）を作曲した。その初稿においては、オーケストラのためのブルーメンシュトゥックともいうべき〈ブルーミネ（花の章）〉と題された短い楽章が置かれていたが、マーラーはこの楽章をのちに破棄してしまった。

[39]——ブルクミュラーは《18の練習曲集》op.109（1858）をヘラーに献呈している。

Tendre fleur
やさしい花

指揮法テクニック
- 引っ掛けの連続
- 平均運動
- しゃくい

楽曲の構成
- ニ長調、4分の4拍子
- 3部形式：A（8）＋ B（8）＋ A（8）

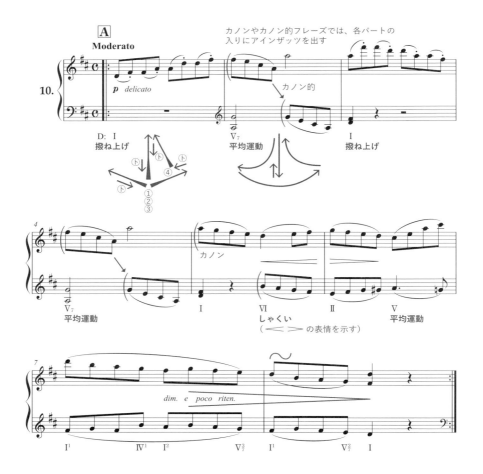

10. やさしい花　Tendre fleur

指揮のテクニックとポイント

●──「引っ掛けの連続」「平均運動」

T.1、3：ここでのアーティキュレーション・スラーの振り分けは、第6曲〈進歩〉で学んだ例の「引っ掛けの連続」をもちいておこなう。各拍の拍頭はけっして「叩かない」。予備拍で「撥ね上げ」の態勢を準備して拍頭で「引っ掛け」。*delicato*（繊細に）とあるように神経を集中しよう。

T.2、4：①「平均運動」。②第1声部から第2声部へのカノン的な動きを意識して「しゃくい」。③での第2声部にたいして、左手でアインザッツを出せるとよい。④点後でふたたび次小節の「引っ掛け」連続のために「撥ね上げ」の態勢にもっていくこと。

T.5〜8：「平均運動」「しゃくい」の組み合わせ。抑揚をつけたい部分では「しゃくい」をもちいる。フレーズ最後での *poco riten.* は、T.8に入ったらすぐに遅く。

T.9〜16：属調・イ長調への転調。*mf* で音楽にも伸びやかさが加わる。「平均運動」「しゃくい」の組み合わせで振っていく。

T.9〜12：2個ずつのスラー後半の8分音符にスタッカートが付いていない。したがって同じアーティキュレーション・スラーでもT.1〜4のように「引っ掛けの連続」は使わずに、「しゃくい」で対応すればよい。

T.13〜15：低音パートのカデンツ［$I - II^1 - I^2 - V_7$］を意識して、奇数拍を「置き止め」（拍上でいったんこぶしを置くようにストップさせる）のようなかたちで、偶数拍は軽く「引っ掛け」のつもりで引き出せばうまくいくだろう。

T.16：*poco rall.* は、みずからの意志をもってだんだん遅く。

❖——ニ長調は弦楽器の調

　ニ長調といえば弦楽器の調である。ヴァイオリンをはじめ弦楽器の弦の調弦はそれぞれ下から「ソ・レ・ラ・ミ」（ヴァイオリン）、「ド・ソ・レ・ラ」（ヴィオラ、チェロ）、「ミ・ラ・レ・ソ」（コントラバス）のように「レ」あるいは「ソ」を中心とした完全５度または完全４度の調律となっており、それぞれの倍音系列からいっても、ニ長調は弦楽器のサウンドがよく響く調であるといえる。古今の著名なヴァイオリン協奏曲のほとんどが、ニ長調あるいはニ短調であるのもそのためだ。

　ちなみにブルクミュラーがこの曲集においてニ長調をもちいているのは、〈やさしい花〉１曲のみである。鍵盤楽器にとってフィンガリングが少々むずかしくなるこの調を、初学者への配慮で敬遠したのかもしれない。

11.
せきれい　La bergeronette

楽曲分析：バレエの情景

　ブルクミュラーはピアノ音楽の作曲やピアノ教育に自身の情熱を注いだ音楽家であったが、同時にバレエ音楽のためにも作品を書き残している[40]。

　また、バレエの通常の稽古などでブルクミュラーの練習曲がもちいられることもしばしばあるようだ。英国ロンドンのバレエ教育機関「ロイヤル・アカデミー・オヴ・ダンス」でも彼の《18の練習曲》から〈マーチ〉がグレード試験の課題として取り上げられている[41]。

　この〈せきれい〉を「プチ・アレグロ」という小さく軽快なジャンプの練習に取り入れているバレエ教育者もいるようである[42]。特徴あるリズムと音楽の運びにはバレエの情景を想起させる部分があり、ブルクミュラーのバレエ作曲家としての活躍ぶりを彷彿とさせる。ここではそれを加味し、バレエの情景を取り入れた音楽的ストーリーを使って分析していきたい。

●――序奏：アナペストのリズム、音程間隔による遠近法？

　劇場でのバレエ鑑賞を想像してほしい。まずステージ上に着飾ったつがいのせきれいが登場し、軽やかでスピード感あふれる舞を見せてくれる。ここでの躍動感の要因はまずリズムにある。この「短・短・長」のリズムは「アナペス

---

[40]――代表作は《ラ・ペリ》(1843)。またアドルフ・アダンの有名なバレエ音楽《ジゼル》(1841)の一部でも作曲を担当している。
[41]――飯田有抄・前島美保『ブルクミュラー25の不思議』(音楽之友社、2014)、p.106。
[42]――前掲書、pp.106～107。

ト（Anapest）[43]」とよばれるもので、キビキビとした歯切れのよい印象をあたえ、作曲者が楽譜上に記載した *leggiero* の指示と一致する（譜例15）。

譜例15 〈せきれい〉：アナペストのリズム （短・短・長）

　次にきわめて特徴的なのは、冒頭からつねにたがいに逆行して奏されるアルペッジョの旋律線だ。声部間の音程間隔を狭めたり空けたりすることで、せきれいの飛翔の遠近感や高低差を表そうと試みていることがうかがわれる。いわば音による遠近法の描写とでもいえるだろうか。

　加えて、デュナーミクのコントラストも特徴的である。冒頭は *p*、そして *cresc.* の後に *sf* がある。ここで描写音楽として素晴らしいのは、最初の2小節に *cresc.* がないことだ。最初の2小節はせきれいのカップルの出会いの情景であるから、リズムおよび音高と音程の差異をともなってだんだん近づく様子を表すだけで、そこに *cresc.* は必要ないのだ。いっぽう次の2小節では、いったん近づいた距離がふたたび開いていく過程を示している。別に仲が悪いわけではない。おたがい飛んでいるから同じ距離を保つことができないのであろう。そこで *cresc.* が重要なのは「本当は近い距離を保ちたいのに、また離れてしまう」危うさではないか。T.5の *sf* は「また近づくことができた！」という喜びの表現なのかもしれない。そうこうしているうちにドミナントのコードが鳴り、主部 A への道が開かれるのだ。ここでの雌はもちろん高声部、そして雄は下声部である。

　第9曲〈狩り〉でも述べたが、序奏の最後は半終止しているので、主部に向けてここは「開いている」といえる。V₇の前にわざわざGsus₄の和音を挟み、非和声音で音をぶつけて *sf* を加えることで、半終止の緊張感をよけいに高めている。

---

[43]——第4曲〈小さな集い〉でふれた、古代ギリシャをへて中世ノートルダム楽派へと伝わるリズムの韻律にかんする考え方において、「短・短・長」のリズム・パターンをこうよぶ。

以上が序奏6小節の分析であるが、ここでの情景描写的な音楽表現は、ブルクミュラーのバレエ音楽作曲家としての面目躍如というところであろう。

●──A：ソロと合いの手

Aは4＋4のフレーズとなっている。旋律上の重要なモティーフとなっているのは、序奏冒頭での「アナペスト」のリズムである。楽曲全体を通して、この「最初にアクセントがある」きびきびとしたリズムのキャラクターが重要視されている。

この最初のフレーズがホモフォニーのかたちで書かれているのは、まずここで最初に登場したうちの雌のせきれいが全面的にフィーチャーされているからだろう。その雌せきれいを中心として盛り立てるように伴奏のリズムが刻まれていて、音楽は「ソロを中心としたせきれいのアンサンブル」のようなかたちに構成されている。

●──B：三重唱、リズムの整合性

Bでは音楽の形態は三重唱になる。「雌2羽（デュオ）と雄1羽」である。調性も平行調のイ短調となり、愁いのある旋律線を雌デュオが奏でる。いっぽうで雄のせきれい（ピアノの左手パート）は「アナペスト」のリズムで例の旋律を絶えずさえずっている。

次にここでのリズム・パターンについて分析してみよう。雄のさえずりをよくみると、従来からの基本のさえずりが「16分音符2個＋8分音符」の「アナペスト・リズム」であることがわかる。いっぽうで雌デュオのほうは「2分音符2個＋全音符」となっている。ここでも基本リズムとして「アナペスト」が援用されているのだ（譜例16）。リズムの単位は基本リズムの8倍となるが、サイクルの異なる2種類の基本リズムにそって整合性のあるフレーズとして書かれている。

ステージ上ではおそらく、通常は王子さま役をするようなスマートでイケメンの「雄せきれい」が、澄ました顔で同じパターンを繰り返しつつ踊る。その周囲をこれまた美しいお姫さま役のような「雌せきれい」2名が、ターンしつ

つ「雄せきれい」を茶化すように踊る「パ・ド・トロワ[44]」のような情景が目に浮かんでくる。

譜例16　アナペスト・リズム動機の拡大

●──コーダ：カノン的な楽句

　コーダはカノンで始まる。雌から雄への順である。カノンを2回どおり（計4回）繰り返すと、最後に冒頭のアルペッジョの進行がそれまでとは逆パターンになり、外側に向かって拡散していくような音形を2小節間リピートしつつクレッシェンドする。さらにトニカのコードを2回鳴らし、曲を閉じる。

　バレエのシーンとしてもコーダであるから、ここはソリストおよびそれ以外のキャストも全員が集合するであろう。ちょうど半数ずつに配分された全員の踊り手たち「コール・ド・バレエ」が、ステージ中央から舞台の上手・下手に向けて放射線状に「ジュテ[45]」で掃けていく、というような、よく見かける演出が考えられるだろう。ダンサーたちが掃けた後にはソリスト3名（雌2、雄1）だけが残り、最後の2つのハ長調コードで3名同時にポーズ。これが決まれば客席から「ブラヴォー！」の声と拍手喝采が送られることまちがいなしだ。

　話を戻そう。こうしてせきれい集団は、また次の休息地をめざしてそれぞれ散っていくのである。楽曲分析をしつつバレエ・シーンのイメージも含めて書いてきたので長くなってしまったが、楽譜のうえでは「せっかく楽しくなってきたのにもうコーダか」と、つい言いたくなってしまうほど簡潔に書かれているのが、この〈せきれい〉。30小節にこめられた小世界なのである。

---

[44]──女性2＋男性1のトリオによる踊りのスタイル。
[45]──足を放り出すような感じでほんの少しジャンプする。

La bergeronette
せきれい

指揮法テクニック
- 叩き
- しゃくい

楽曲の構成
- ハ長調、4分の2拍子
- 二部形式：序奏（6）＋ A （8）＋ B （8）＋コーダ（8）

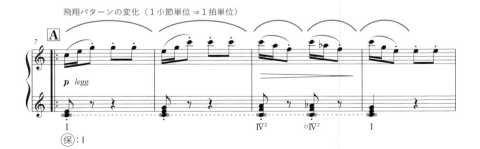

11. せきれい　La bergeronette

さえずりの種類

　この曲のなかで、いったい何種類のさえずりが使われているのかについて考えてみよう。

・序奏：2羽の出会いとからみ⇒半終止。物語の進行にたいする期待の高まり
・A：ソロと合唱（合いの手）
・B：三重唱（雌2羽と雄1羽）⇒イ短調⇒ハ長調
・コーダ：2声のカノン⇒登場人物全員を2声に配分し合唱

　以上のように、たった30小節のなかにいかに多くの要素が盛りこまれているかがうかがえる。
　この短いチャーミングなキャラクター・ピースには、「さえずりの饗宴」などとサブ・タイトルを付けたくなるほどだ。

楽曲の背景：フランス音楽の伝統

　次に少し観点を変えて、〈せきれい〉のような音楽作品が生まれるフランス音楽の歴史的背景の一端にふれてみたいと思う。

●──クラヴサンの音楽

　フランスのバロック音楽は宮廷音楽から発展してきた。そのロココ調音楽の中心となっているクラヴサン（チェンバロ）は、同じ鍵盤楽器といっても、発音のしくみがピアノとは異なり、弦をはじいているだけなので音の共鳴時間が短い。そのため必然的に細かい装飾音や長いトリルを付加することによって楽器の性能上の弱点を補い、独特の様式を創りあげていくこととなった。
　クラヴサンのための作品には、なんらかの情景や事象を描写しているものも

多く、人々の生活に密着したものとして「鳥」を題材にしたものも数多ある。代表的な作品には、J. P. ラモー（1683〜1764）《めんどり》（1728）、F. クープラン（1668〜1733）《恋のうぐいす》（1722）、C.-L. ダカン（1694〜1772）《つばめ》（1735）、《カッコウ》（1735）などがある。それらのレパートリーのなかには、ブルクミュラー自身が弾いたことのある作品もあったことだろう。

● ── ピアノの台頭

いっぽうブルクミュラーは19世紀初頭、ピアノの時代を開拓した。フランス革命後の市民階級の台頭によって、裕福な市民から中産階級にいたるまでが自宅にピアノを置き、その子弟にピアノを習わせるようになった。当時パリでは6軒に1軒がピアノをもっていたといわれている。

ブルクミュラーは上述のようなフランス・バロックいらいの伝統を踏まえつつ、クラヴサンではなく、時代の最先端となった鍵盤楽器「ピアノ」をもちいて、子どもたちのために〈せきれい〉や〈つばめ〉（第24曲）を書きしたためたのではなかろうか。

指揮のテクニック

● ── 叩き、しゃくい

基本的には、全曲を通してシンプルな「軽い叩き」で振っていく。ただし B のイ短調の部分の4小節間は、「しゃくい」で表情を出そう。指揮のデザインとしては、この部分は横に流すような「しゃくい」で振ってほしい。

曲がシンプルなだけに、いかに軽やかさを表現していくかがもっともむずかしいと思う。

❖──東京で見るせきれい

　私はこれまでせきれいの姿も見たことがなければ、鳴き声も聴いたことがなかった。そこでインターネット検索をしてみると、映像も音声も50件以上が上がっており、ずいぶん参考になった。

　ところでその画像を見て驚いたのだが、じつにそれを私は毎日のように自宅付近や勤務先のキャンパスで見ていたのだ。私が見かけていたのは、全体が白っぽい「ハクセキレイ」という種類のもので、とくに秋冬のシーズンによく見かける。ヨーロッパでも同じ種類のせきれいが見られるようで、私が毎日見ているのはブルクミュラーの〈せきれい〉とほぼ同じものであろう。すずめよりもすばしっこい感じで、チョコチョコとせわしなくほうぼうを走りまわる姿はなかなかに可愛らしいものである。

　東京都ではあきる野市がせきれいを「市指定の鳥」にしている。水辺に住み、どこにでもいるごく一般的な野鳥のようである。せきれいと日本人との歴史は古く、『日本書紀』にもその記述が登場するほどであるらしい。ちなみに漢字では「鶺鴒」と書く（いや、とにかくもろもろ不勉強でした）。

　さえずりというか鳴き声についても、インターネットであらためて画像を検索すると、この楽曲で使われているように速めのテンポで、いわゆる小鳥のさえずりといった雰囲気で鳴いている場合と、少しゆっくり鳴いているものとの２種類があり、ブルクミュラーが実際のさえずりをそのまま描写しているのがよくわかった。

　原稿を書いているついいましがたも、餌を求めてすばしっこく走りまわるせきれいを見かけた。「チュクチュク」とフルートのダブル・タンギングのようなスピーディなさえずりが、朝の静かなキャンパスに今日も鳴りわたる。

ハクセキレイ

12.
告別（別れ）　L'adieu

楽曲分析

●──**Allegro molto agitato：ビートの取り方**

　この楽曲の拍子は4分の4拍子で書かれているが、表記のとおり、「速く、きわめて激しく」という音楽的キャラクターから、1小節を4つでなく2つ取り（in 2）でカウントしていく。これは指揮するさいもそうであるが、分析していくうえでも同じことである。したがって拍の表記も以下のようにする。

・①・②・③・④ ⇒ ①・①裏拍・②・②裏拍
・冒頭のアウフタクトは小節数にはカウントしない。

●──**序奏：アッポッジャトゥーラ、ため息のモティーフ**

　冒頭部分のアウフタクトは二重にアッポッジャトゥーラ[46]をもちいて、きわめてロマンティックに書かれている。ここでe^2が3回打ちなおされるが、これらはすべて、本来 T. 1 ①裏拍のd^2に解決すべきアッポッジャトゥーラである。旋律線は譜例17のように「ミ・ミーレ」でよいはずなのに、さらに最初のミに刺繍音[47]的な動きをつけ「ミ・ファ・ミ」とし、ここではそれら全体を「大きなアッポッジャトゥーラ」ととらえる。まるでオペラ・アリアのレチタティーヴォの導入部分を思わせるような劇的な開始である。しかもそれが

---

[46]──appoggiatura（伊）：倚音、前打音。
[47]──非和声音の一種。ある和声音から隣の非和声音に行き、また最初の音に戻るとき、その非和声音をいう。

同じようなパターンで音程を変化させながら3回繰り返され、その3回目の短7度跳躍とともに属七の和音が鳴り、序奏部分は頂点を迎える。

加えて、ここでの2度下行の音形について、第5曲〈無邪気〉ですでにふれた「ため息のモティーフ」がもちいられている。第5曲で述べた原則はここでも応用できるが、とくにモティーフ前に置かれた8分休符によってリズムはシンコペートされ、アッポッジャトゥーラでのアクセント効果は倍増するといってよいだろう。

譜例17　冒頭でのアッポッジャトゥーラの連続（旋律線とその骨格）

●──ストーリーの始まりはサブドミナント

冒頭部についてもう1点書き加えたい。調性音楽ではほとんどの場合、その調のIの和音から曲は始まる。しかしながら、ここではイ短調のIVのコード（Dm）から始まっている。

いきなりサブドミナントの和音から曲が始まる意外性こそが、ここでのキーポイントとなっている。唐突に開始されたかのような印象の序奏についてさらに詳しくみてみると、冒頭部でのIVは、次につながる半終止のカデンツの最初の和音であったことに気づく。そしてT.3にいたってハンマーで打ちのめされるかのようにV₇のコードが鳴ると、それが惜別のストーリーの始まりである。

L'adieu
告別（別れ）

指揮法テクニック
- in 2
- 叩き
- しゃくい
- 平均運動
- 引っ掛け

楽曲の構成
- イ短調、4分の4拍子　＊序奏にアウフタクトあり
- 3部形式：序奏（4）＋ A (12) ＋ B (8) ＋ A (12) ＋コーダ（5）

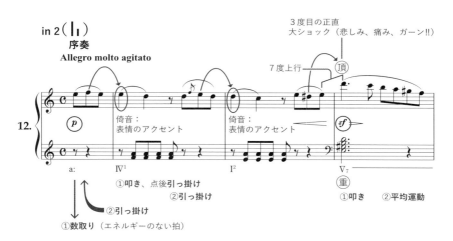

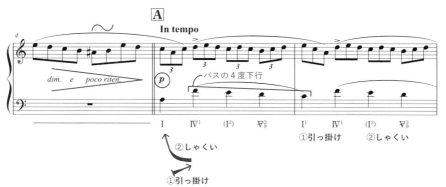

12. 告別（別れ）　L'adieu

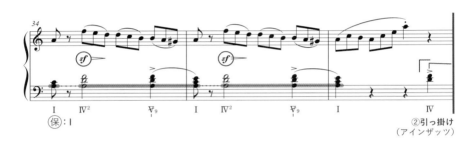

● ── A：不安定な流れ

　序奏で爆発した感情はここではいったん収まり、一見冷静な音楽の流れとなっている。しかしながら流れ全体が、①裏拍から旋律が始まるシンコペーションによって支配されているため、フレーズの進行はぎくしゃくして不安定なものとなっている。またここでの12小節のフレーズの内訳は9（4＋5）＋3と考えられるが、終結に向かうカデンツ2小節（T.12～13）が倍の長さとなっており、字余り的に感じられて、フレーズ自体のバランスが悪く不安定な印象をあたえている。

● ── 4度下行のモティーフ

　A部分のバス声部の旋律について分析すると、4度下行を2回繰り返している。ルネサンス以降、バスの定旋律が全音あるいは半音階を含み完全4度下行するモティーフについてはとくに「ラメント・バス」（嘆きのバス）とよばれ、「悲しみ」「嘆き」を表現する音楽にもちいられることがあった。J. S. バッハのミサ曲ロ短調BWV232における〈クルツィフィクスス（十字架に付けられ）〉での用例は、あまりにも有名である。ここでは譜例として、同じ作曲家による《3声のシンフォニア》第9番ヘ短調BWV795からの冒頭部分を挙げておく（譜例18）。

　ここでの「告別」における「ラメント・バス」風の4度下行は、なんらかのかたちで「嘆き」「悲しみ」を表現しようと試みているようにイメージできる。

譜例18　J. S. バッハ シンフォニア第9番 ヘ短調 BWV795

●──B：空虚な明るさ

　ハ長調のこの部分は、3部形式のトリオに相当する。Aでの旋律線が順次進行型であったのにたいして、ここはアルペッジョ中心に書かれている。前半は平穏なムードである。

　後半4小節はハ長調Ⅰの保続となっているので、バス声部の動きが事実上一時停止し、カデンツ感は薄れる。そんななかでの最後のカデンツ（T.23〜24）は、ハ長調の主音ドの上に属九の和音の根音省略形が乗っている（$\overset{\circ}{V}_9$）。しかもその和音はハ短調からの借用和音（準固有和音）である減七の和音である。T.24でとりあえずⅠに解決するが、次にすぐイ短調のV_7が鳴り、せわしなくAの再現に入っていく。

●──コーダ

　T.25〜36はA前半の部分と同一なので、ここでは省く。

　コーダ5小節間での大きな特徴は、2回にわたるⅠ－Ⅳ－Ⅰのアーメン終止の提示である。ここでのアーメン終止が宗教的な意味をこめて取り入れられているとすれば、あきらかにこの「別れ」が永遠のものであることを示唆しているのではあるまいか。

指揮のテクニックとポイント

●──叩き、しゃくい、平均運動、引っ掛け

　前述のように、この楽曲は4分の4拍子であるが、1小節を2つ取り（in 2）していく。もっともむずかしいのは序奏部分である。ここでは形や姿として「どう振るか」ではなく、指揮するその人の「一個人」としての感性に左右されるところが大きいであろう。

●──序奏部分のポイント

　この序奏部分はアウフタクトから始まっているので、指揮もたいへんむずかしい。全曲を通して1小節2つ取りであるから、予備拍として、本来ならば楽譜上存在しない①を数取り[48]して、②でブレスと同時に8分休符を「引っ掛け」で振り、次の8分音符の入りを示すようにすればよい（譜例19）。そして「引っ掛け」で振りつつ、T.1のアッポッジャトゥーラで音楽の重心を感じながら振ることができればうまくいくだろう。同じパターンを2回繰り返したのち、3回目に旋律が短7度跳躍する部分でイ短調のV_7の和音が鳴り響き、音楽の緊張はピークに達する。たとえば、そこでは親しい人との死別にさいし「死んでしまったの、どうして、なぜ死んでしまったの？」と叫ぶような雰囲気であろうか。

　いずれにせよ、このV_7の和音に気持ちをこめて振ることが肝要である。

---

[48]──数取りとは、リズムのみを指揮棒の先をつうじて示し、次の拍やテンポを演奏者に予測させること。留意点としては、エネルギーのない拍を示すことである。

譜例19 〈告別〉冒頭部の振り方（一例）

● ── A のポイント

　T.5〜7、9〜11を指揮するさいにはシンコペーションのリズムを意識し、①「引っ掛け」、②なめらかな「しゃくい」でフレーズの流れをくずさぬように注意しよう。最初の小節で流れをうまく創ることができれば、あとはその流れに乗って振っていけばよいと思う。またT.8①は「置き止め」として拍を叩かずに中央腹部位置に置き、②のアクセントにそなえる。T.13は旋律の抑揚を表現するために「しゃくい」、T.14〜15は①「引っ掛け」で、次の *sf* をしっかり引き出せるように心がけよう。T.16②は「叩き止め」。

● ── B のポイント

　ハ長調のこの部分は、おそらくは過去の日々の回想であろう。*p, espressivo* との記載があり、穏やかな音楽である。しかし仔細にみていくと、ここにも例の「4度下行の動機」をみることができる。T.19からT.20①にかけてであるが、この1カ所だけ旋律は順次進行する。回想部分においても「悲しみ」がよぎったのであろうか。

　B の前半は「平均運動」よりもさらにやわらかな「撥ね上げ」がふさわしいと思う。ここでも伴奏パートの3連符の動きを意識しながら振っていこう。

● ── コーダのポイント

　ここでは、件の「ラメント・バス」的な動機の入り（T.36②裏拍）にアイン

ザッツが必要だろう。そしてトゥッティ[49]による最後の2つのコードは、悲しみや苦悩を振り払うかのごとく激しいインパクトでもって振り終えたいものだ。

まとめ——アウフタクトから始まる楽曲

　大胆なアウフタクトから始まる楽曲の分析を終えるにあたって、ここで《25の練習曲》のなかでアウフタクトから始まるものについてまとめておきたい。
　曲集全体でアウフタクトから始まるものは全部で4曲あった。まず第9曲〈狩り〉、次にこの第12曲〈告別〉、そして第14曲〈シュタイアーの舞曲〉、第20曲〈タランテラ〉である。〈シュタイアーの舞曲〉の場合、序奏はアウフタクトではないが、それぞれの舞曲の始まりはすべてアウフタクトとなっている。逆に〈狩り〉では、序奏のファンファーレはアウフタクトから始まっているが、それぞれの主題はアウフタクトではない。〈タランテラ〉では序奏にアウフタクトなし、主題にアウフタクトあり、である。
　この第12曲〈告別〉の場合は、序奏がアウフタクトから始まっている。しかしながら、この開始部分のあまりに強いインパクトは楽曲の性格を決定してしまうほど鮮烈なものとなっている。

---

[49] —— tutti（伊）：全員の合奏。

13.
なぐさめ（コンソレーション）　**Consolation**

楽曲の背景：タイトルについて

●──リストの影にショパンあり

　「コンソラシオン[50]」「なぐさめ」といえば、まず F. リスト（1811～1886）の作品を思い出す。リストの《なぐさめ》（全6曲）は1850年に出版されたが、F. ショパンのノクターン（1830年から晩年まで継続して作曲）を下敷きにしているのはよく知られるところである。そしてノクターンという音楽様式は、アイルランドの作曲家 J. フィールド（1782–1837）が書いたものが始まりだ。蛇足だが、リストの有名なピアノ曲〈愛の夢〉はもともと《3つのノクターン》（1888）の第3番として書かれたものである。

　ブルクミュラーは、それら19世紀前半のピアノのためのサロン音楽や性格的小品を援用し、ピアノ初学者のために精力的に多くの啓蒙的な作品を生みだしている。

●──進取の気風

　「コンソラシオン」というタイトルをもちいたのはリストがはじめてだとしたら、その出版のわずか2年後に、すぐさまその音楽のキャラクターおよびタイトルを子供たちのための作品に取り入れたブルクミュラーは、進取の気風に富んでいたということではないか。くだけた表現でいえば「キャッチー」といえるだろう。いずれにせよ、そこにはピアノを学ぶ子どもたちへの愛情が感じ

---

[50]──「コンソラシオン」は仏語読み。英語読みでは「コンソレーション」となり、こちらのほうが一般的かもしれない。

13. なぐさめ（コンソレーション）　Consolation

られる。
　前置きはこのあたりにして分析を進めていこう。

楽曲の形式

●――版による差異
　この楽曲は出版社や校訂者によってリピート部分の書き方が異なっているが、ここでは初版譜にしたがって体裁を整えた。構成は序奏とコーダを含むシンプルな2部形式である。途中でほんの少しばかりの転調をともなうが、全曲を通してハ長調で書かれている。

楽曲分析

●――序奏：Ⅴの保続音
　冒頭5小節を通してバスにⅤの保続音がみられる。Ⅴの保続音といえばソナタ形式の展開部などでよくもちいられ、緊張感あるいは不安な雰囲気を保ったまま再現部への入口を模索していくことが多い。類似例として、R. シューマンの交響曲第4番ニ短調op.120（1841／51）の第1楽章序奏部分があげられる。そこでは冒頭から主部への入りまで、基本的にⅤ保続音上で進行していく。
　さて、ここでの旋律はバスの保続音上で迷いつつ、行き先を探るような動きを繰り返しながら進む。T. 6ではじめて旋律らしい楽句を聴くことができる。まずここでハ長調のⅡの根音「レ」を中心としたターンおよび長6度の跳躍進行があり、その後はアルペッジョ的な動きで、バス声部の定型カデンツⅡ^1－Ⅰ^2－Ⅴ$_7$とともに序奏を終えて A へと向かう。

Consolation
なぐさめ（コンソレーション）

指揮法テクニック
- in 2
- やわらか撥ね上げ
- しゃくい

楽曲の構成
- ハ長調、4分の4拍子
- 2部形式：序奏（7）＋ A （8）＋ B （8）＋コーダ（4）

13. なぐさめ（コンソレーション） Consolation

● ── A：ターンの動機

　ここで旋律の源泉について考えてみよう。序奏 T. 6 前半で示された「ターンの動機[51]」は、T. 9 では倍の長さとなっているのである。この「ターンの動機」は、A 全体を通して計 4 回もちいられている。さらにさかのぼって分析すれば、楽曲冒頭でのトリルを思わせる「レ・ミ・レ」の 3 音にすべてが収斂していくことに気づく。

　序奏部の漂うような 2 度上行・2 度下行の動機は、ここへきて、その発展形である「ターンの動機」としてはじめて旋律の体をなすにいたったのだ。

● ── 転調

　フレーズ後半にホ短調への転調がみられる。転調にかかわる旋律線（T.14〜15）が序奏最後の 2 小節（T. 6〜7）と類似しているのは、序奏部と A との音楽的な統一をはかるためだろう。

　この楽曲での調関係をまとめると、「ハ長調⇒ホ短調⇒ハ長調」という図式がみられる。通常ならば属調や下属調などをもちいて前半・後半のコントラストを明確に付けていくところである。しかしここでは、近親調[52]ではあるが「Ⅰ調⇒Ⅲ調」というどちらかというと変化や対照にとぼしい調性を選び、その穏やかな流れのなかで微妙に揺れ動く様子を「なぐさめ」として表現しているのではないか。この転調では、大きなコントラストでなく「調の揺れ」について感得することが大切である。

● ── B：絡みあう 2 声

　ふたたびハ長調に戻ったこのフレーズでは、それまでの全音符や 2 分音符によるコラール的要素がなくなり、4 分音符中心のソプラノ旋律に下声部の 8 分音符の拍頭が旋律として加わってデュオの様相を呈し、たがいに絡みあうように動いている。上声部と下声部との差が長 6 度というのは 3 度で重ねた旋律

---

[51] ── 第 8 曲〈優雅な人〉でもちいられた装飾音的なモティーフが、ここでも使用されている。そのためこれを「ターンの動機」とよんだ。

[52] ── たとえばホ短調のⅠの和音（Em）は、ハ長調においてはⅠの代理コードとしてトニカの和音の代わりとなる場合もある。

線の上下を逆さにしたかたちであり、合唱などではむしろ3度よりもハモりやすい音程間隔である。合奏での場合は、おそらく木管のソロ楽器各1本ずつ（例：フルート1、オーボエ1）のようなオーケストレーションが考えられる[53]。

　ちなみに、ここでの拍裏のシンコペーションのリズムも、A と同じタイプの保続音であるが、オーケストラならばミュートをかけたホルンだろうか。

● ──コーダ：最後の音

　コーダはたった4小節で、同じカデンツを2回繰り返して曲を閉じる。印象的なのは最後のコードである。旋律線と低声部との高低差は3オクターヴとなっているのだが、高低差と音色の差異によるコントラストが、たいへん興味深い。上方に向けて消え去るソプラノ・パートにたいして、急に1オクターヴ下行するバス・パートは、重すぎず明瞭な発音が望ましい。オーケストラで演奏するならば旋律線をになう第1ヴァイオリンにたいして、ここはチェロ、コントラバスによるピッツィカートがふさわしいのではないか。

発想標語と指揮のポイント

● ──発想標語

・*dolce lusingando*：やさしく、甘えるように

● ──指揮のポイント：1小節2つ取り

　この楽曲は4分の4拍子の **Allegro moderato** であり、それほどテンポが速いわけではない。しかしながら音楽はオルガンのコラール風に2分音符単位で進行しているので、前曲と同じく1小節を2つ取り（in 2）していく。音楽のキャラクターはきわめて穏やかであるので、基本的に「やわらかな撥ね上げ」で振っていこう。ほぼ全曲を通してゆるやかなシンコペーションのリズムが流

---

[53] ──現状の楽譜を1オクターヴ上げれば、そうしたオーケストレーションが実現可能であろう。

れているので、そのリズムを邪魔せぬように。むしろよく聴きあい、指揮するというよりは演奏家と一緒に音楽を創りあげていくという意識が大切である。

❖──ペアとしての〈告別〉と〈なぐさめ〉

　これら2曲はペアとして書かれているような気がしてならない。「別離」の悲しみとそれを補う「なぐさめ」……。ここでの2曲の音楽的共通点は、4分の4拍子でありながら2つ取り（in 2）していくこと。

　これは演奏解釈そのものに大いに影響をあたえる。いっぽうで音楽的キャラクターはきわめて対照的で、「動」にたいして「静」、「悲しみ」と「癒し」、「いびつな流れ」と「安定感」、「心の葛藤」（ぎくしゃくしたシンコペーションやアクセント）と「救済」（コラールによる心的安定）等々。そして関係調は「イ短調」にたいして「ハ長調」、これをペアといわずして何といえばいいだろう。

　全25曲の曲集も約半分をこなしてくると、ピアノを習いはじめたばかりだった子どもたちは成長し、そろそろ大人の世界の入口（より深い音楽表現をするための精神的領域）に立ちはじめているのかもしれない。

　「告別」以降の楽曲では、指揮するさいに、これまで以上にそれぞれの楽曲のもつキャラクターの表現につとめ、つねに大人の表現を心がけていこう。

14.
シュタイアーの舞曲（シュタイアーの踊り）
La Styrienne

楽曲の形式：ダ・カーポ

● ――ダ・カーポについて

　ここでまた楽譜上の問題点を提起しなければならない。この楽曲も前曲〈なぐさめ〉と同じく、初版とその他の版とでは構成が異なっている。初版では楽譜上の指示により、**D** の後でダ・カーポして序奏、**A B C** を演奏し、曲を終えるようになっている。本来の姿としては、**D**（トリオ）を中心にシンメトリックな 3 部形式となっているのだ。これは古典派のメヌエットなどと同じで、舞曲によくみられるごくシンプルな 3 部形式である。

　しかしながら、のちに作曲者以外の手で改訂された版にはダ・カーポの指示がなく、序奏部分を省略して **A B C** を演奏して曲を終えるように編集されている。

　ここでは初版にしたがい、以下の表 2 のとおり、ダ・カーポしてから **A B C** を演奏して終えることとする[54]。

---

[54]――ウィーン原典版では初版どおりにダ・カーポがほどこされている。

●──関係調とシンメトリックな構造：トリオ・サンドウィッチ構造

表2

ダ・カーポ部分

　上記の表2を見ればわかるように、ⒶⒷⒸの部分ではト長調とホ短調という平行調の関係にある調がもちいられ、ⒶⒹでは、ト長調の下属調がハ長調という関係になっている。したがってト長調を中心にいえば、ⒶⒷⒸでは、Ⓑの平行調であるホ短調がサンドウィッチのまんなかの具にあたり、楽曲全体を俯瞰（ふかん）すれば序奏＋ⒶⒷⒸとⒹとの関係で、Ⓓの下属調であるハ長調が具にあたるというシンメトリックな構造になっているのである。

　一部の版でのようにダ・カーポ時に序奏を省くことも可能ではあるが、楽曲全体の構成からみると、やはり序奏を含めた形のほうが自然かと思われる。

楽曲の背景

●──シュタイアーマルク地方の民俗舞踊

　さて、古くから「スティリアの女」の訳で知られているあの名曲の登場である。先般のペア（12番、13番）に引き続き、いよいよ本格的な楽曲の登場といってよい。ここでの「スティリア[55]」とは、オーストリアの一地方「シュタイアーマルク」のことである（地図1）。地図を見ればわかるように、アルプスの東端に位置する風光明媚（めいび）なこの地方の民俗的舞踊「レントラー」がこの

---

[55]──Styrie（仏）、Styria（英）と発音が似ている。

「スティリア」の踊りであるといっていいだろう[56]。「ワルツのテンポで_」との表示があるため（そしてまたこの曲集全体を通じてメトロノームのテンポ設定がかなり速いので）、ワルツと混同されて「速めのワルツ」のテンポで演奏されることが多いけれども、本来の「レントラー」は１小節３つ取りの比較的ゆったりした踊りの曲であるから、あまり速く演奏しすぎないほうがよいと思う。

地図１　オーストリアのシュタイアーマルク州（州都はグラーツ）

● ——ヨーゼフ・ランナーとストラヴィンスキー

ブルクミュラーと同世代のウィーンの作曲家 J. ランナー（1801〜1843）に、この楽曲と同じようなタイトルの《シュタイアー舞曲集》op.165（1841）という作品がある。ランナーは、J. シュトラウス１世とともにウィンナ・ワルツにおける最初の一時代を築いた作曲家である。ニュー・イヤー・コンサートのプログラムとしてもしばしば演奏されるこの作品は、典型的なレントラーの雰囲気で書かれている。もちろん速い部分もあるが、全体としてワルツよりテンポは遅く、少々あか抜けないかもしれないが、独特のリラックスしたムードをも

---

[56] ——Ländler（独）。レントラーは他に南ドイツ、スイスなどでも踊られており、地方ごとにさまざまなかたちがあった。ちなみに映画『サウンド・オブ・ミュージック』で、マリアと大佐がパーティで一緒に踊ったのがレントラーである。

つ佳曲である（譜例20）。

　ちなみにランナーの《シュタイアー舞曲集》において、のちにI. ストラヴィンスキー（1882〜1971）がバレエ音楽《ペトルーシュカ》（1912）で引用した有名なフレーズの原典が聴かれるので、ここに紹介しておく。

　ストラヴィンスキーは第3場のバレリーナとムーア人がダンスをする部分でこのランナーの一節を引用しているが、原曲の雰囲気をくずさぬように、**Lento cantabile** というゆっくりしたテンポを記している（譜例21）。ここでの例からも、レントラーがゆったりしたテンポの舞曲であったことがみてとれる。

〈シュタイアーの舞曲〉の楽曲分析

●——序奏

　序奏4小節は、Ⅴの保続音が特徴的である。属音「レ」がバスおよび内声パートで1オクターヴ重ねて奏されることで、Ⅴ保続音が固定化し安定されて、これから始まるダンスを期待させる効果を生みだしている。とくに装飾音をともなった内声パートが小節いっぱいに音を引き延ばされるので、序奏全体がドミナント感満載となる。オーケストラであればこの属音保持は、さしずめオーボエかクラリネットによる1オクターヴ・ユニゾンであろうか。

●——Ａのダンス、Ｂのダンス

　踊りのカデンツをみると、ＡＢを通してシンプルなⅠ－Ⅴ₇、Ⅴ₇－Ⅰのカデンツの連続からなっている。Ａの伴奏形はすべて8分音符で軽いタッチなのにたいして、Ｂではドミナントの和音の部分で小節いっぱいに音を伸ばしているため、重心がよけいにその2小節にかかり、旋律線にある装飾音とあいまって独特の粘りのあるアクセントを表している。筆者はダンスのステップに詳しいわけではないが、その2小節で時間をかけて女性がターンするような姿をイメージする。そして長調と短調、そのあたりがＡとＢとの対照になっているではないか。

14. シュタイアーの舞曲（シュタイアーの踊り）La Styrienne

譜例20　J. ランナー《シュタイアー舞曲集》より

譜例21　ストラヴィンスキー《ペトルーシュカ》より

PÉTROUCHKA, Music by I. Stravinsky
© 1912, Hawkes & son (London) Ltd.
Reprinted by permission of Boosey & Hawkes Music Publishers Ltd.

● ── C のダンス

　C では、カデンツに変化がある。4＋4のフレーズで分析すると、A B では前半がV_7、後半が I の「開く」⇒「閉じる」の形式であったのが、ここでの４小節間はほぼ同じ内容のリピートである。結果としてカデンツは毎回 I に解決しており、このフレーズは全体の締めくくりであるといえる。

　ただし旋律は同じであっても、１回目（T.23〜24）は *dolce* でやわらかく歌うように、そして２度目（T.27〜28）は *f* でフレーズの最後を言い切るかたちで、コントラストを付けて書かれている。加えてここでの旋律のイレギュラーな６度跳躍はヨーデルを思わせるもので、のどかな田舎風レントラーの感じがよく表されている。このようなリラックスした心地のよい雰囲気について、ドイツ語では「ゲミュートリヒ」という。

● ── D：トリオ

　この下属調＝ハ長調の部分は、この３部形式の「トリオ」であるといえる。ここは旋律、伴奏ともにきわめて大胆に書かれている部分である。まず旋律線では１オクターヴ以上の跳躍が３回にわたって現れる。伴奏ではバス・パートの最低音にこれまでにないGがもちいられ、それがまた旋律線の跳躍とあいまって、スキーのジャンプを思わせるようなきわめてダイナミックな高低差を示しているのだ。とくに T.29 でのバスとソプラノとの高低差はなんと３オクターヴ＋５度におよぶ。

　バス・パートでのもうひとつの特徴は、２度順次下行による「歌うような」バスの表現である。T.31〜34までの付点２分音符は、バスが基本形でなく展開形がもちいられているため音が隣合わせになっており、V_3^3 から I^1 へ、そして IV^1 から I^1 へと、それぞれの音が I に解決するために「緊張⇒解放」を繰り返している。そこには自然発生的に「歌うような」抑揚が現れることであろう。

La Styrienne
シュタイアーの舞曲（シュタイアーの踊り）

指揮法テクニック
- 叩き（基本は in 3）
- 微妙なテンポ・ルバート

楽曲の構成
- ト長調、4分の3拍子　＊各ダンスのはじめにアウフタクトあり
- 3部形式：序奏（4）＋ A （8）＋ B （8）＋ C （8）＋ D （トリオ）（8）＋ダ・カーポ〔序奏（4）＋ A （8）＋ B （8）＋ C （8）〕

14. シュタイアーの舞曲（シュタイアーの踊り）La Styrienne | 147

指揮のポイント

●――レントラー

　序奏の4小節で楽曲全体の印象が決まるので、落ち着いて振っていこう。「楽曲の背景」で説明したようにゆったりとした「レントラー」と解釈し、基本的には1小節を3つ取りでしっかりと振っていく。

●――grazioso

　A（T.5への入り以降）のアウフタクトは *grazioso* の指示を生かして、T.5 ①の旋律最初の音 a^2 を目がけるつもりで、少していねいに時間を使うとよい。いったん踊りのパターンに入ったら、③をできるだけ軽めに振っていこう。③は型どおりに振るのではなく、ここでは次の①のための予備拍と感じとっていけばよいだろう。

●――引き延ばしのニュアンス

　B（T.13への入り以降）のダンスでは、伴奏形の①が8分音符の場合と付点2分音符の場合の、重さ・軽さのコントラストを付けて振っていこう。ここでは伴奏形・付点2分音符のときは、旋律線もあわせて意識したほうがよい。①を少しテヌートぎみに振り、②③を軽くすること。

●――借用和音によるドミナント、ヨーデル

　C（T.21）へのアウフタクトは *rall.* であるから、しっかり意識してたっぷりと歌ったうえで、次の *in tempo* に入ろう。ここで大切なのは、T.20②でト長調のドミナントの和音が鳴るので、それが *rall.* への合図と考えるということだ。例のヨーデル風の楽句は T.23 *dolce* でやわらかく、T.27の f は大胆に振ろう。

●―― deciso、「歌う」バス

　D（T.29への入り以降）が事実上の「トリオ」（中間部）である。ここはルバー

トなどせずに正確かつ大胆に演奏しよう。とくに最初の小節にある13度の跳躍（ジャンプ）はトリオ旋律の大きな特徴となっている。deciso（断固として、決然と）の指示もあるので、大見得を切るつもりで振ってほしい。オーケストラ用に編曲するのなら、この跳躍の箇所にハープのグリッサンドを加えたくなるような部分である。

　T.31からはふたたび伴奏形に付点２分音符がある。「歌うような」バスの表現をするためには、伴奏形・付点２分音符のときに②をあまりハッキリとは出さず、バス・パートの２度下行をレガート旋律的に表現したほうがよい。そのためには、③点後で次の①への準備をていねいに意識することである。そしてこの「歌うバス」の箇所では、バスに意識を集中してほしい。

● ──**さまざまな３拍子の振り方**

　ここでの３拍子は１つ取りではなく３つ取りである。しかしながら、教科書的な３拍子「叩き」の基本形のように①②③すべてを同じ重みで振るのではなく、必要におうじて１つ取りに近いかたちで表現したり、「①②ありで③は省略」「①あり、②は省略、そして③あり」などさまざまなパターンを自分なりに自然に表現できるまで、鏡を見たり動画を撮ってそれを再生したりして練習しておこう！

15.
バラード　Ballade

楽曲の背景

● ──バラード：歌曲と器楽作品

　バラードは中世いらい、吟遊詩人の歌う世俗叙情歌の形式のひとつとして発展してきた。19世紀、ロマン派の時代になると、F. シューベルト（1797〜1828）の《魔王》D328（1815）のように物語性をもつ歌曲がバラードとよばれ、多くの名作が生まれた。他方で器楽曲の分野においても、ドラマティックで物語性のあるピアノ曲にたいして、同じく「バラード」と名づけたのが F. ショパン（1810〜1849）である。彼は「バラード」というタイトルで4曲を書き残している。

　ショパンは「バラード」を1836年から6年間にわたり断続的に作曲しており、ブルクミュラーがこの op.100の曲集を書いている時期には、すでにそのすべて（4曲）が初演され出版もされていた。ここでもブルクミュラーは、当時のもっとも新しいスタイルのピアノ作品を子どもたちに向けて発信しようと努めていたことがわかる。

〈バラード〉の楽曲分析

　この楽曲は、これまでみられなかったさまざまなチャレンジ精神にあふれている。

15. バラード　Ballade

● ── A：ポリリズム[57]的な要素

　冒頭からの3拍子型の伴奏リズムにたいして、T.3〜4の旋律に内在するリズムは2拍子型となっている。何ということもない部分であるが、ヘミオラ的に3拍子対2拍子の葛藤がみられる一瞬である。

● ── ぶつかる音と特別なアクセント

　T.7、9において、伴奏形は冒頭からのハ短調Ⅰ（コードネーム：Cm）を保持している。いっぽう、3拍子型リズムと対決するように始まった旋律は、本来はハ短調にない「ラ♮」をもちいて伴奏形和音に音をぶつけてくる。まことに挑戦的だ。予想外の音の出現にまったく度肝を抜かれる思いである。ところが連結している2小節間（T.7〜8）を仔細に分析してみると、ここでは属調であるト短調からの借用和音がもちいられていることに気づく。最初がⅡ$_7$（Am$_7^{-5}$）、続いてV$_9$（Adim$_7$）である。進行自体はとくにめずらしいものではないが、そこには次の和音への連結がない[58]。旋律線と伴奏リズムの音とがぶつかる（あるいはぶつける）ことで、聴き手に強烈なインパクトをあたえているのだ。

● ── スフォルツァンド・アクセント

　さらに詳しくみていこう。ぶつかる和音に違和感が生じている原因は、まずハ短調として聴いていた伴奏形の第5音gが、突如としてト短調からの借用和音になりかわり、第7音に変わっていること。その結果として、旋律の根音と伴奏の7度とがぶつかっているのである。なおかつそのa上に記されているのが、第2曲〈アラベスク〉の曲末尾最後のコード（T.33）でみられたブルクミュラーの特別なアクセント「*sf* ＞」（スフォルツァンド・アクセント）である。ここは躊躇することなく強調したいものだ。

---

[57] ── polyrhythm（英）：拍の一致しない複数のリズムが同時に演奏されること。
[58] ── このように次への連結がなく全終止も半終止もしていない場合、それを不完全カデンツという。

Ballade
バラード

> **指揮法テクニック**
> - in 1
> - 1拍子の叩き
> - 円運動の叩き
> - やわらかい撥ね上げ

> **楽曲の構成**
> - ハ短調8分の3拍子
> - 3部形式：序奏（2）＋ A (16) ＋推移（12）＋ B (26) ＋ A (18) ＋推移（12）＋コーダ（10）
>
> ☞ この曲集のなかでもっとも大規模な楽曲で、全96小節、構成は上記のとおりである。きわめてドラマティックな性格をもっており、〈バラード〉の名にふさわしい。 A はハ短調、 B は同主調のハ長調からなっている。

15. バラード Ballade | 153

154

● ── 4 × 3 のフレーズ

　T.19 から短いリズムのまとまりが 3 回繰り返され、半終止する。T.24 でイレギュラーな下行形のアルペッジョがとつぜん入りこんでいるが、これは半終止のカデンツに入るための準備、また半終止への緊張感を保つためと考えればよいだろう。

● ── B : 不気味なオクターヴ・ユニゾンのカデンツ

　再現部（T.57）直前、突如として現れるのがこの不気味な 1 オクターヴ・ユニゾンであり、それは再現部のハ短調を引き出すためのバスのカデンツとなっている。ここでの大きな特徴はカデンツそのものが旋律となっていることだ。オーケストラならば弦楽器全体でのユニゾンのようなサウンド・イメージである。

　それを聴いて思い起こすのは、ベルリオーズ《幻想交響曲》終楽章で真夜中に教会の鐘が鳴る部分に入る直前のカデンツである。そこでもカデンツがそのまま旋律化している（譜例22）。ベルリオーズの例は作品の規模にふさわしく、カデンツ部分のみ取り出しても16小節ある。低音楽器の集合体がユニゾンで、しかも *p* で旋律を演奏しているとよけい不気味に感じられる。まるで夜の闇のなかで得体の知れないものがうごめいているようだ。

　ところで、《幻想交響曲》は1830年12月にパリで初演されている。ブルクミュラーのパリ定住は1834年以降であるが[59]、それ以前にも彼は何度かパリを訪れている。ひょっとしたらこの話題性のある大規模な交響曲の実演[60]に接したこともあったかもしれない。また、この曲のリストによるピアノ編曲版は1834年に出版された。話題性のある作品の編曲版であったので、ブルクミュラーも目を通していたかもしれない。

　実演を聴いたり、楽譜を目にしたりすることがあったにせよなかったにせよ、当時のパリではベルリオーズをはじめショパン、リストなど同時代の作曲家を

---

[59] ── ブルクミュラーは1826年以降、生まれ育ったドイツを離れてバーゼル（スイス）、ミュルーズ（フランス）に移住。1830年ごろにはストラスブール（フランスとドイツとの国境の町）でも活躍。

[60] ──《幻想交響曲》は1830年12月の初演に引き続き、32年12月、33年12月、38年12月、44年5月にもパリで再演された人気の高い作品である。

きわめて身近に感じることができたにちがいない。その影響を受けてブルクミュラーは当時流行の作品のスタイルをすぐさま取り入れ、流行の最先端でありながら、ピアノ初学者でも音楽の楽しさを理解できるような作品を数多く生みだすことができたのだ。

譜例22　ベルリオーズ《幻想交響曲》第5楽章より

●──劇的効果：オクターヴの急上行と急下行

　この楽曲がドラマティックに聴かれる要因のひとつとして、旋律線やカデンツの急上行や急下行がしばしば表されていることがあげられる。たとえばT.19〜24において、cresc. とともにソプラノ声部は1オクターヴ上行、バス声部は T.19〜27 までに1オクターヴ下行する。そして次の T.24から旋律線の下行は3オクターヴ、T.27〜30 ではたった4小節間で2オクターヴ上行、2オクターヴ下行を2回繰り返す。

　そして B 部分の主題 T.31〜38 でも、レガートの旋律ながら4度跳躍と6度跳躍を繰り返した結果として1オクターヴの上行と下行がみられる。

　また終結の5小節間でも、ソプラノ・バスともども小節ごとに1オクターヴずつ上行しておいて、最後のコードでは崖から急降下するかのように、いっきに3オクターヴ下行している。

15. バラード　Ballade | 157

　ロマン派特有の激しい気性を表しているといえばひとことですんでしまうが、そこには、ベートーヴェン以降みられるモダン・ピアノという新たな楽器の特性をフルに開発していく過程でのさまざまな試みも垣間見ることができるのである。

指揮のポイント

●──8分の3拍子の1つ取り

　Allegro con brio での生き生きしたリズムを表現するために、この楽曲では1小節を1つ取り（in 1）していく。冒頭からT.30までは基本的に1拍子の「叩き」あるいは「円運動による叩き」で振っていけばよいだろう（図6）。

図6

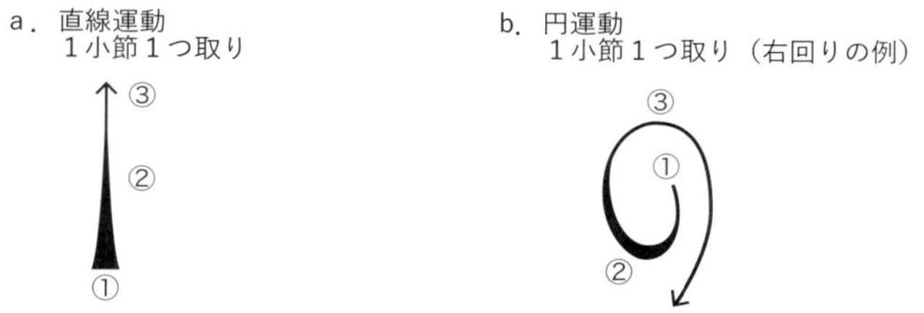

a．直線運動
　1小節1つ取り

b．円運動
　1小節1つ取り（右回りの例）

　T.3からの低音パートの旋律では *misterioso*（不気味に）の表示を生かし、なおかつ「*sf* ＞」の処理に留意して、メリハリをつけて演奏したいものだ。T.19からの *cresc.* も、頂点をめざして思い切りよく振っていこう。

●──「やわらかな撥ね上げ」「円運動」「叩き」のコントラスト

　打って変わって B の T.31〜56では1拍子の「やわらかな撥ね上げ」、もしくはワルツ打法を応用して「円運動によるやわらかなしゃくい」で振っていけばよい。そこでは「叩き」のスピード感とニュアンスを「レガート」のイメージに変換させて振っていく。同じフレーズ内であっても T.45〜46、49〜50の

ようにスタッカートを含むフレーズでは、「叩き」が有効である。レガートとマルカートとのコントラストを明確にしよう。

　例の不気味な1オクターヴ・ユニゾン（T.53～56）では、短いあいだではあるが繊細な *dim.* を忘れずに示すこと。またコーダのはじめ（T.87～91）は「円運動」で旋律の16分音符の動きを意識し、f からの *dim.* を明確に出そう。T.92以降の5小節はごく軽い「叩き」でよい。

16.
ひそかな嘆き（小さな嘆き）　**Douce plainte**

楽曲の背景

◉──A：ちょっとした動揺

　筆者はフランス語にはけっして明るくないが、通常は「小さな嘆き」と訳されているこの楽曲タイトルの本来のニュアンスには、恋愛にかんする小さな不満あるいは嘆きのようなものが暗示されているのだそうだ。今回はそのニュアンスを解釈のカギとし、オペレッタ的に男女2人のストーリーとしてとらえて分析を試みてみたい。

楽曲分析

◉──**デュオ・ストーリー：表情のふくらみ、「嘆き」はどこに？**

　男女のストーリーであるから、高音部の旋律線が女性、低音部のほうは男性として進めていくこととする。
　まず旋律部分についてみていこう。女声パート（ソプラノ）最初の4小節の旋律は *dolente*（悲しげに、痛みを感じて）とあるように、順次下行と4度跳躍を組み合わせた愁いをおびた旋律となっている。T.2③裏〜④には小さなクレッシェンド、デクレッシェンドの記号があるが、この発想記号は「シュヴェ

レ[61]」といって、「その音をふくらます」あるいは「表情づけをする」というような意味がこめられている。シューマンなどが好んでもちいた表情づけのための記号であり、鍵盤楽器というよりも本来は声楽あるいは弦楽器でのニュアンスであろう。

次にT.5へのアウフタクトから、男声パートが――音域からいってテノールだろう――女声パートからの旋律を受け継ぐ。受け継いだのは旋律だけではなく、例の「シュヴェレ」も含まれている。以上のように冒頭6小節の旋律線は、まずソプラノが歌いはじめて、後半はテノールが歌うことからなっている。そして7小節目でフレーズは頂点を迎える。それはT.7の和声がドッペルドミナント（p.014注3参照）であり、次小節の半終止（V_7）に向かって和声上のテンションが高まっていくことからもわかる。フレーズ最終小節（T.8）では、男女2パートがはじめて一緒に揃って歌う。6度でハモりつつ、しっかり半終止して終了。

まず女性が「悲しげに」歌い、男性には「心にもやもや」といえば、わかりやすく夫婦や恋人どうしの他愛のないストーリーが浮かぶ。みなさまご想像のとおり、奥さまの誕生日や記念日のプレゼントをうっかり忘れていた等々。そしてオペレッタとあれば、それにご主人側の女性にかんするエピソードなども加わるのかもしれない。奥さまはT.7で「金切り声」を上げて絶叫！　T.8でご主人が「まあまあ」となだめる。

冒頭から8小節間のフレーズをパートにそって図式化すると、以下のようになる。

ソプラノ⇒テノール⇒ソプラノ頂点⇒結果としてデュオでフレーズを締めくくる

さて次への展開はいかに。最後は2人で仲よく「めでたしめでたし」となるのか？　しかし事態はそれほど単純ではないようだ。なぜならこのフレーズは半終止していて、次なる B に向かって「開かれている」からだ。いったいど

---

[61]―― Schwelle（独）:「ふくらみ」という意味。

こに「嘆き」「動揺」が表れているかについては、さらに推移をみるしかなかろう。

● ──心の「もやもや」

　じつは心の内面の動揺は、冒頭 8 小節では16分音符の伴奏パートに表されている。第18曲〈気がかり（心配）〉にも共通しているが、どちらかというと目立たないところでリズムを刻んでいるのが、心理的な表現の始まりであることが多い。規則的に刻まれている伴奏リズムが心の内面（心臓の鼓動など）を表すパターンは、劇音楽の伴奏部分でもよく使われる手法である。ここでは、上行・下行が繰り返される16分音符のリズムによって、「動揺」「嘆き」などの心の「もやもや」が表されているといってよい。

● ── B ：「ドキドキ」の出現

　動揺しつつも最初のフレーズを歌いきった 2 人であるが、次なる「嘆き」はいったいどこにあるのか？
　先に音楽を分析しておこう。T.10からは 2 × 2 ＋ 4 のバール形式のフレーズとなっている。ここでの特徴は、同じパターンを 2 回繰り返した結果、次の 4 小節フレーズに楽曲全体の頂点が表現されていることである。
　T.10、12でのリズムのパターンは16分音符から 8 分音符に変わり、1 音ごとに楔形スタッカートが付加され、おまけにクレッシェンドまである。ひょっとしたらたんなる「もやもや」から、さらに発展した心臓の「ドキドキ」にまでいたってしまったのかもしれない。しかしよく見ると「ドキドキ」がクレッシェンドした後には、かならずディミヌエンドをともなったレガートの旋律がきていて、「ドキドキ」が解消されるように書かれている。それから冒頭のフレーズでは、「もやもや」は男女交互に表れていたが、ここでは「ドキドキ」が一緒になって表現されているので、悩みはおそらく 2 人に共通することがらなのだろう。
　女性中心にみていけば、まず悩み（ドキドキ）が増大し、次に「でもね、まあしかたないかも」とあえて自分で自分を納得させるような雰囲気だろう。ここでのフレーズは、それを 2 回リピートしているのだ。

Douce plainte
ひそかな嘆き（小さな嘆き）

指揮法テクニック
- 平均運動
- しゃくい
- 引っ掛け
- 叩き

楽曲の構成
- ト短調、4分の4拍子
- 2部形式：A（8×2）＋ B（8×2）

☞ リピートを除けば計16小節。曲集のなかでもっとも短い楽曲のグループに属している。

16. ひそかな嘆き（小さな嘆き） Douce plainte

楔形スタッカート、心的表現の一端

●──「もやもや」から「ドキドキ」へ
・Aでみられるパターン：「16分音符＋スラー」⇒「もやもや」
・Bでみられるパターン：「8分音符＋楔形スタッカート」⇒「ドキドキ」

　Aでの16分音符の伴奏形は全体がレガートであるし感情の表出もさほど具体的ではなく、文字どおり「心のもやもや」だけですんでいた。いっぽうでBの「8分音符＋楔形スタッカート」、とくに楔形スタッカートが付されたことで感情があらわになっている。なぜなら、この楔形スタッカートは通常のスタッカートとは異なり、この曲集ではごく限定された部分でしかもちいられていないからだ。事実、この楔形スタッカートが使用されている楽曲は25曲中、4曲しかない。

●──コロラトゥーラ：少しヒステリック（？）な頂点
　結果としてBではレガートの「もやもや」から悩みが増幅して「ドキドキ」に変わってしまったといえる。そしてバール形式の後半4小節（T.14～16）で音楽はピークに達する。女性パートの加線上の旋律線はコロラトゥーラ・ソプラノの音域にまで達しており、ちょっと感情的になっているのかもしれない。

　しかしながら、T.14で頂点をへてフレーズ後半では、また「もやもや」に戻り、最後はデクレッシェンドとともにしめやかに消え去る。いっときは f まで到達していながら、暴発寸前に従前のレガートのかたちに収縮しているからして、元来「嘆き」の度合いはさほどのものではない。それで〈ひそかな嘆き〉なのだろう。

　そして終結の1小節では、はじめの「もやもや」モティーフが男女代わりばんこに出てきてい、しかも女性パートから男性パートへのパッセージの受け渡しがまた絶妙で、けっして2声が結びつかず「いちおう仲直りしたんだけど、手をつなぐのはまだ恥ずかしい」的な音符の処理となっているところが、じつ

にうまい。ここでの職人的な人物描写のエクリチュール[62]は本当に素晴らしいと思う。

オペレッタなどの脚本によくある「女房妬くほど亭主モテもせず」のような他愛のない〈ひそかな嘆き〉のストーリーにたいして、この繊細で練達の書法……。「ブラヴォー！」と声を上げたくなるほどである。

● ── 18小節のミクロコスモス

ブルクミュラーはこの楽曲をたった18小節で書きしたためている。音楽を必要最小限の小節数にまで凝縮させて、繊細かつ仔細に恋人たちの心中を語っているのだ。そこにブルクミュラー的なロマン派音楽の小宇宙がある。

「悩み」あるいは「嘆き」の具体的な内容について、現代の私たちに知る由はない。しかし楽譜のなかからなんらかのイメージを感じとって熟成させ、それを自己の音楽表現として試みていくということが大切なのである。

指揮のポイント

前半8小節は16分音符の動きを意識して、「平均運動」または「やわらかな撥ね上げ」を使いつつ、フレーズをしっかり振っていこう。

T.10からは、「軽い叩き」「しゃくい」で f までもっていく。さらに T.15〜16で最後のカデンツを意識しながらもうひと山しっかり歌い、ひそやかに終える。テクニックでなく、音楽的センスの見せどころである。

---

[62] ── écriture（仏）：「書法」の意。作曲分野での用語としては、作品における和声、様式、管弦楽法などの書法を示す。

❖──産業革命と楽器の発展

　19世紀初頭は産業革命とあいまって、ピアノや多くの管弦打楽器のスクラップ・アンド・ビルドがおこなわれた時期であった。ベルリオーズをはじめ多くの作曲家によって近代管弦楽法が確立されていく経過を見すえつつ、ブルクミュラーはピアノの発展にも寄与していた。

　第15曲〈バラード〉での急な上行・下行あるいはその前のうごめくような中低音のオクターヴ・ユニゾンについて、作曲者はモダン・ピアノの機能を駆使して楽譜を書きつつも、ひょっとしたらオーケストラのサウンドをイメージしていたのかもしれない。

17.
おしゃべりな人（おしゃべり）　**La babillarde**

楽曲分析：オペラ的情景、バレエ的情景

●──人物描写

　この楽曲は、８分の３拍子の歌や踊りの音楽に見立てて書かれている。第11曲〈せきれい〉と同じく、ここでも人物描写を含めてオペラあるいはバレエ的な表現が特徴的であり、作曲者のその分野での活躍ぶりを彷彿とさせる。オペラやバレエの情景をひとつのイメージとしてとらえ、楽曲分析に生かしていきたい。

●──序奏：オープニングとⅤの保続音

　バス声部の２オクターヴ跳躍がきわめて特徴的で、オペラ的なオープニングにふさわしい。バスに応えるソプラノ・アルト声部がまたバスとの対話のように書かれていて、これから始まる楽しい情景を先取りしている。
　またこの序奏６小節間は第14曲〈シュタイアーの舞曲〉のそれと同じく、Ⅴの保続となっている。バス・ソロの跳躍に表れているドミナントの響きを保続音として認識することで、次のへ長調Ⅰから始まる主部への期待感を抱かせている。ここでの保続音の効果は、たとえばアカデミー賞の受賞式などでの期待感あふれるドラム・ロールのようなものであろうか。

●──A：おしゃべりな人①（コロラトゥーラの女性）

T. 7～14：最初の登場人物は女性。高音域や、跳躍を中心として音を転がすようなかたちで書かれている旋律からみるに、これを歌うのはコロトゥーラ・ソ

プラノであろう。歌と踊りをじょうずにこなせる、かなりキャラの立つ人物ではないか。

● ── B：おしゃべりな人②（ソプラノ）、③（アルト）、④（バス）
T.15〜22：ここでまず目立つのは、女性２名のデュオである。２小節ごとにステップを踏みながら楽しげに踊り、歌っている。そして第４の人物の参加。こちらは男性である。最初に現れたコロラトゥーラ嬢を真似て登場したが、ワンパターンで芸に際立ったものがない。女性デュオ組に少々押されぎみである。後半部分では男性のオブリガートを女性が受け継ぎ、次のシーンへの橋渡しとしている。ここでのトリオは、オペラの声楽アンサンブルであれば３重唱であるし、バレエであれば〈せきれい〉の項でもふれたバレエの「パ・ド・トロワ」であろう。

● ── A：コロラトゥーラ嬢の再登場
T.23〜30：３部形式の再現部にあたるところで、コロラトゥーラ嬢の再登板となる。最初評判がよかったのでカーテンコールで呼び戻されたという体(てい)かもしれない。あるいは「バスのソロがさえないので降ろされ、コロラトゥーラ再登板」という演出も考えられる。

　ここでの注目は伴奏パートである。T.27以降はⅠの保続音となっている。ここはもはやコーダに向かう部分なので、トニカのペダル音をしっかり印象づけて聴かせることで終止感を出していく。

　この保続音中心のカデンツでは、オペラ的にいうと低音３パートを男声合唱に見立てているのではないか。T.27以降は、最後までずっとⅠの保続音の安定したサウンドのなかで音楽が進行していく。そこでオーケストラ、ソリストに加えて新たな登場人物としての可能性があるとしたら、それは市井(しせい)の人々の集まりである合唱団であろう。なかでも男声合唱は音域や音色の対照からみて、コロラトゥーラ歌手を盛り立てるのにうってつけの存在であると考えられる。

La babillarde
おしゃべりな人（おしゃべり）

> **指揮法テクニック**
> ・円運動の 1 拍子

> **楽曲の構成**
> ・ハ長調、8 分の 3 拍子
> ・3 部形式：序奏（6）＋ A （8）＋ B （8）＋ A （8）＋コーダ（5）

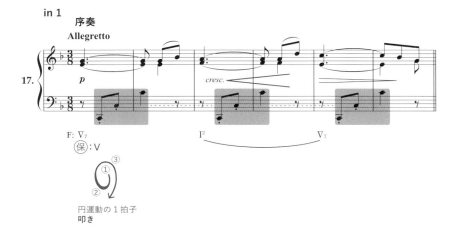

● ──コーダ：主役をもり立てる男声合唱

T.31〜35：保続音＝男声合唱の活躍である。コロラトゥーラ嬢はフィニッシュの最高音ファ（f^3）[63]に向けて最後の力をふり絞っている。それをもり立てる男声合唱団は、保続音 f のエネルギーを借りてトニカの和音を歌い切る。

　特徴的なのは最後の 1 音である。旋律パート（コロラトゥーラ）は上方に、低音パート（男声合唱のバス）は下方に向けて間隔を広げている。上下に大きく開いた 4 オクターヴのユニゾンは、まるで空中に向かって音が放り投げられているような印象を受ける。バレエ的にいえば男性ダンサーがバレリーナを持ちあげる「リフト」であろう。いずれにせよ演奏する側にとっても聴く側にとってもきわめてインパクトが強い。

● ──〈乾杯の歌〉：オペラにおける合唱曲

　ここでの筋書きは序奏に引き続き、コロラトゥーラのソロ⇒ 3 重唱⇒ふたたびコロラトゥーラ、そして男声合唱が入りコーダへと突入、という構図になっている。これと同じように合唱が加わって華やかに場を盛りあげていくスタイルは、G. ヴェルディ（1813〜1901）のオペラなどにもよくみられる。たとえば、《椿姫》（1853）の第 1 幕最初のパーティ・シーンでアルフレードとヴィオレッタのソロとデュオに引き続き、登場人物全員と合唱によって歌われる有名な〈乾杯の歌〉は、今回とった筋書きとよく似ている。

劇音楽の作曲家ブルクミュラー

　以上、この楽曲をオペラあるいはバレエの一場面のように見立てて分析してみたが、〈せきれい〉の項でもふれたように、ブルクミュラーはバレエ音楽の作曲家としてもその名を知られていた。なかでも代表作《ラ・ペリ》（1843）は、パリでの初演後、2 年半で 50 回以上再演され、サンクト・ペテルブルク

---

[63]──ここでの f^3 は、なんとモーツァルト《魔笛》の有名な〈夜の女王のアリア〉の最高音と同一である。

やニューヨークでも演奏された。またA. アダン（1803〜1856）の有名なバレエ音楽《ジゼル》（1842）でも、ブルクミュラーはその一部分の作曲を担当している[64]。

この op.100 のピアノ曲集は元来エチュードなので、ここでみられるように右手の練習の次に左手の練習が来るのは当然のことであるが、曲の雰囲気づくりがあまりに自然なので、エチュードであることを忘れてしまいそうだ。

指揮のポイント

●——in 1：円運動の指揮法

この楽曲は、踊りの曲として1小節を1つ取りで振っていく（in 1）。基本は1拍子の「叩き」であるが、直線的な1拍子の「叩き」に終始するよりは、第15曲〈バラード〉で学んだようにむしろ円運動を応用した「叩き」で振っていくと、踊りの音楽のキャラクターが明確になると思う。

●——楽譜から読みとるべきこと

この楽曲では、フレーズのまとめにあたる部分にデュナーミク等が書きこまれていない場合がある。たとえば、T.31にはデュナーミク指示がなされていない。前からの *cresc.* を受けてそのまま持続的に音楽を運んでいくのか、あるいはそこでいったん *subito* p とし、あらためて盛りあげていくのかについては、楽譜上検討の余地がある。よく考えてみてほしい。

またイタリア・オペラでしばしばおこなわれるように、終結の5小節でストレッタ[65]的にテンポを速めていく可能性について検討してもよいだろう。いずれにせよ、指揮者自身が明確なイメージをもっていないと音楽を仕上げていくことはできない。

---

[64]——ブルクミュラーは《ジゼル》のために、ワルツ1曲、パ・ド・ドゥのために5曲を書いている。
[65]——stretta（伊）：イタリア・オペラの各幕のフィナーレや山場などにおいて、音楽の盛り上がりとともにテンポも速く演奏すること。

18.
気がかり（心配）　**Inquiétude**

楽曲分析

●──A：バール形式

　最初の8小節について分析していこう。フレーズは8小節であるが、その内訳をみると2＋2＋4のバール形式となっている。

●──前半4小節：演奏解釈の裏付け

　冒頭4小節は、まったく同じ2小節の繰り返しからなっている。ここでの音楽の要素は、以下の2つである。

・下行・上行を繰り返す刺繍音による旋律
・バスの伴奏リズム（Ⅰ－Ⅳ²－Ⅰのカデンツ）

　ここでの演奏解釈の可能性について代表例3種類を下記に示す。

	T.1〜2	T.3〜4
a	*p*	*pp*（エコー）
b	あえて何もしない	あえて何もしない
c	Ⅰ－Ⅳ－Ⅰの和声を意識し、*cresc.* および *dim.*（ただしほんの少し）	同左

　他の可能性についても考えてみるとよいだろう。ポイントは「解釈の裏付け」である。

Inquiétude
気がかり（心配）

指揮法テクニック
- 叩き
- 平均運動
- 引っ掛け

楽曲の構成
- ホ短調、4分の2拍子
- コーダ付きの3部形式：A（8）＋ B（8）＋ A（8）＋コーダ（6）

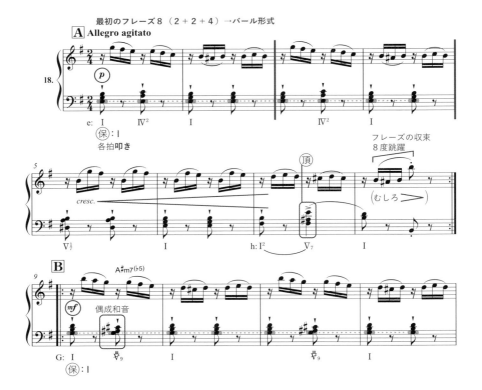

18. 気がかり（心配） Inquiétude | 175

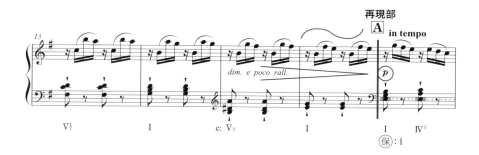

演奏にさいして、つねにかならず解釈のなんらかの裏付けをもつべきだ。それがないと説得力のある演奏にはならない。楽曲分析は、演奏解釈の裏付けのために必要不可欠である。

●──後半4小節およびフレーズの頂点

ここでは最初のフレーズ8小節全体のまとめについて考える。クレッシェンドの頂点はどこにあるのか。楽曲分析は、楽譜からさまざまな「差異」を見つけだすところから始まる。以下に一般的な例を示す。

・フレーズのなかでの「規則的な流れや動き」⇔「不規則な流れや動き」
・とつぜん現れるアクセント、*subito p* 等々

上記をふまえて、ふたたびクレッシェンドの頂点について考えよう。以下の点が解くカギである。

・バスの規則的なリズムの運びが途絶え、とつぜんT.7②で4分音符が現れる。②は本来弱拍である。しかし作曲者はそこにわざわざアクセントを書き記している。
・T.7〜8には、フレーズを終結させるカデンツがある。しかもここでフレーズはロ短調に転調している。

以上から、このフレーズの頂点は転調したロ短調のV₇の和音にあたるT.7②にあると考える。

●──旋律上の頂点：あらたな疑問

そうすると次なる疑問点が現れる。旋律線をたどっていくと、T.8②に旋律上の最高音が現れる。
ここがフレーズの頂点ではないのか？
それについては、以下のように考える。
T.8は、和声的にはカデンツが解決した後にあたるので、そこに頂点が再度

現れるとは考えにくい。旋律の１オクターヴ跳躍（$h^1 - h^2$）も、和声と同じくそれまでの張りつめた緊張感から解放されてひと息つく部分である。

　つまり、この跳躍は通常とは逆にフレーズを収束させるためのエネルギーを発散させているのである（いわばマイナスのエネルギー）。ここでは１オクターヴ上に向けて、やわらかな着地が必要だろう。弦楽器ならばフラジョレット[66]的な、声楽ならファルセットのような音処理がふさわしいのではないか。

●── B：ト長調 ⇒ ホ短調への回帰

　B 部分のフレーズは８小節で、A と同じく２＋２＋４のバール形式である。A との差異は最初の６小節がト長調、最後の２小節が次からの再現部のためにホ短調に戻っていることである。

１．ト長調部分

　次の B の部分（T. 9～14）の最初の６小節間は、ト長調で音楽が進行していく。ここでの６小節は、A の冒頭の６小節をそのままト長調にスライドさせたものと考えてよいだろう。異なっているのは以下の１カ所のみ。

　T. 1 ②では IV の和音をもちいていたが、T. 9 ②ではさらにテンションの高い借用和音が使われていることである。

２．転調と再現部

　B 部分最後の２小節でホ短調に戻る。そして T.17～24(25) が再現部である。通常ならば最後の２小節までト長調のまま行き、再現部からもとの調に戻るところである。２小節前からホ短調に戻しておくことで「再現部 C の始まりをスムーズな流れにする」という作曲者の配慮がうかがわれる。それもこの小品のキャラクターと関係があると思われる。それについては後述する。

●──コーダ

　コーダは短いけれども、きわめてダイナミックである。ここでは大胆にもバ

---

[66]── flagioletto（伊）：おもに弦楽器で、倍音の原理を応用した奏法。独特の透明感のある音色が生み出される。英語ではハーモニクス（harmonics）。

スの和声的カデンツがそのまま旋律として扱われている。また f というデュナーミクはここにきてはじめてもちいられており、このコーダ部分が楽曲全体の頂点となっていることがわかる。もしもオーケストラで演奏するならば、このバスの旋律にはファゴット、ヴィオラ、チェロ、コントラバスなど中低音楽器を総動員して、2オクターヴ・ユニゾンで弓をたっぷりと使って弾き切りたいものだ。

そして最後の2小節は、あっけない幕切れ……。ここで語られている「気がかり」な事案ははたして本当に解消できたのだろうか？

ストーリー考察

ここではこの楽曲でもちいられている動機やリズムについて、タイトルとの関連性を踏みこんで考えてみたい。

● ── **Perpetuum mobile**（無窮動）

旋律の刺繍音による下行・上行の繰り返しは、気持ちの不安定さを表している。同じフレーズをリピートしたり、転調して色どりを変化させたりしているが、基本的な迷走状況、不安定さは曲の末尾まで絶えず続いている。とくに不安さをあおっているのは、各拍最初の16分休符だ。最初が休符のため、つねに安定性を欠くリズムとなっている。そしてその結果としてバスの規則的リズムが、そのぶん浮き彫りとなっている。

ところで、N. パガニーニや J. シュトラウスの作品に、速いテンポで同じような旋律をずっと繰り返していく「無窮動」という種類の音楽があるが、この〈気がかり〉も似かよった性格をもっているといってよいのかもしれない。ただしパガニーニやシュトラウス[67]の場合は、底抜けの明るさや冗談っぽい雰囲気をもっている。あるいは永久に続くメトロノーム的で機械的・規則的な律

---

[67] ── J. シュトラウス《無窮動（常動曲）》op.257（1861）の場合、副題に「音楽の冗談」と記されている。

動を暗に風刺しているといえるだろう。いっぽうでこの〈気がかり〉では、最初が休符から始まっていることから、足もとがふらつくかのごとく安定を欠くリズム感、そして止めどもなく広がっていく不安な雰囲気をもっているのが特徴的である。

●──バスのリズム

冒頭7小節目とコーダ部分を除き、これまたずっと同じリズムを刻みつづけるのが、バスのリズムである。このスタッカートによる規則的な律動は、「心臓の鼓動」ではないか。このようなリズムの使用法は古くからもちいられてきた。一例としてベルリオーズの《幻想交響曲》第1楽章を挙げておく（譜例23）。そこでは、フルートと第1ヴァイオリンによる恋人のテーマ（固定楽想）のはじめての出現[68]にたいして、それ以外の弦楽器が主人公（作曲者自身）の胸の高鳴りを示している。

譜例23　ベルリオーズ《幻想交響曲》第1楽章

●──「気がかり」の迷走とさりげなさ

旋律線のもちい方および絶えず同じように刻むバスのリズムから感じとれるのは、「気がかり」な事案が p から始まってクレッシェンドとともに大きくなり、あるときは解消されるようにみえ、そしてまた迷走するように、心配ごと

---

[68]──第1楽章の提示部冒頭であるから、第1主題の初提示となる。

が頭のなかでつのっていく過程がみごとに表現されていることである。

　再現部にかんしても、明確に「ここから」というかたちでなく、その2小節前で転調して原調に戻してしまうことで、形式感を微妙にぼかしているのではないかと推察する。演奏にあたっては、再現部前の *poco rall.* から再現部への入りをなるべくさりげなく演奏するという配慮が必要だろう。

　楽曲の結末は、つのる「気がかり」がピークに達した結果としては、あまりにあっけない気がする。しかしながらみなさんにも経験ありませんか？「マッいいか。明日はきっとよくなるだろう」——気がかりなことがあっても、何の根拠もなく納得をしてしまう、あるいは自分自身を無理やりに納得させようとしてしまうことが……。

　ちなみに作曲家は、ここでも結末に4オクターヴのユニゾンをもちいている。この幅広い音程間隔の「ミの音」に、空虚さ、あるいは放心したようなあっけない雰囲気がよく表れているのではないか。同じ4オクターヴの間隔でもその音楽的キャラクターは、前曲〈おしゃべりな人〉とは正反対である。

指揮のポイント

　基本的には、コーダを除き、全曲を通して「叩き」で振っていく。最初の8小節では、クレッシェンドの頂点を見すえて指揮できるように留意しよう。また B に入るときはクレッシェンドの結果としての *mf* が大きすぎず小さすぎないように。*poco rall.* はさりげなく、再現部に戻る。

　コーダ部分の始まりは、指揮のデザインとしては大きな平均運動で、「横に向けて図形を描くように」心がけてみてほしい。そうすれば、「叩き」＝縦（上下）の動き、「平均運動」＝横（左右）の動きとして、音楽のコントラストがより明確になるだろう。

19.
アヴェ・マリア　Ave Maria

楽曲分析

●──A：4声体コラール

　合唱曲《アヴェ・マリア》をピアノで演奏することを想定してか、作曲家は冒頭8小節をア・カペラ風の4声体コラールのかたちで書きはじめている。第1小節には *religioso* という楽語が記載されている。「敬虔な気持ちで」「お祈りのような気持ちで」というようにとらえればよいと思う。

　この冒頭8小節のフレーズでは、後半におかれた4小節にわたる全終止カデンツが特徴的である。合唱音楽らしくバス・パートの半音階上行が旋律的に書かれていて、なおかつ和声的にもⅣを中心に2種類の借用和音（$\overset{\flat}{\text{V}}_7$、Ⅳ、○Ⅳ）がもちいられており、色彩豊かな終止定式となっている。

●──B：オブリガート的旋律、転調

　次からの8小節が B である。前半3小節で、3声部に限定された合唱パートに加えてテノール音域での器楽的なオブリガート[69]（イメージ的にはチェロか、あるいはオルガン）が加わる。

　このオブリガート的な旋律はアルペッジョをもちいており、コラール的な書法の合唱パートとは一線を画している。

　B のフレーズは主調・イ長調の属調であるホ長調から始まる。フレーズ全体は8小節であるが、後半で短い転調が2度ある（ロ短調⇒嬰ヘ短調）。ロ短調

---

[69] ── obbligato（伊）：旋律の次に重要な声部。

ではアーメン終止、嬰ヘ短調では半終止のカデンツが聴かれる。

● ── A：再現部、オブリガートふたたび

　この部分は A の再現であると同時に、楽曲全体の頂点である。器楽的オブリガートがふたたび現れ、先ほどのように途中で消え入ることなく最後まで曲を盛りあげていく。とくに1オクターヴを越えて歌いあげるアルペッジョ中心のオブリガートと、精妙な合唱パートとのコントラストはきわめて印象的である。

● ── コーダ：大規模なアーメン終止

　コーダ部分は6小節である。仔細にみていくと、まず4小節で規模の大きく念入りに創りあげられたアーメン終止がみられる。ここまでは合唱＋オブリガートのトゥッティで演奏される。そして最後の2小節でふたたびア・カペラ合唱に戻っていく。終結にあたって、合唱は冒頭部分と同じく4声体和声のシンプルな配置へと回帰する。

指揮のポイント

　レガートできわめて静かなお祈りの音楽なので、「平均運動」「しゃくい」「やわらかい撥ね上げ」で振っていく。

● ── A のポイント

　A では、T. 5〜7に重心があると考える。まずⅣの和音の準備が始まり、Ⅳおよびその準固有和音がはじめて現れるからだ。楽譜上の抑揚を大切に感じつつ、T. 6での頂上までを「しゃくい」でていねいに振っていく。そのさいにバスの半音上行の旋律線もじゅうぶん意識してほしい。

●── B のポイント

B 冒頭は、新しいオブリガート的な旋律の入りにアインザッツを出そう。とくに旋律のアルペッジョ部分の抑揚にたいして「しゃくい」を加えながら振っていく。

B 後半は、まずロ短調でのアーメン終止のカデンツ、そして主調であるイ長調への回帰のきっかけとなる嬰ヘ短調の半終止を大切に感じよう。ここでのフェルマータは、再現部前の小休止と考えてよい。

●── A' のポイント

T.17からは再現部である。合唱と器楽オブリガート旋律の両者を音楽的にまとめていくつもりで考えてほしい。オブリガートは、出はじめにかならず休符があるのがここでの特徴である。とくにT.17の入りは明確にアインザッツを出したほうがよい。

●── コーダのポイント

コーダ部分には、前述のように4小節にわたるアーメン終止のカデンツがある。フレーズ頂点は、T.25〜27の $\overset{\text{IV}}{\text{V}}_7$、Ⅳ、∘Ⅳとのコントラストにある。内声の音の変わり目についてよく把握してほしい。最後の2小節は「やわらかな撥ね上げ」が、その場の雰囲気にマッチすると思う。

Ave Maria
アヴェ・マリア

指揮法テクニック
- 平均運動
- やわらかな撥ね上げ
- 引っ掛け

楽曲の構成
- イ長調、4分の3拍子
- 3部形式：A（8）＋ B（8）＋ A（8）＋コーダ（6）

20.
タランテラ　La tarentelle

楽曲の背景

　タランテラ（伊：tarantella）とは、イタリア・ナポリ地方で発展した8分の3拍子、あるいは8分の6拍子によるきわめて速い熱狂的な舞曲のことである。元来は、ターラントという町に生息していた大型の毒蜘蛛タランチュラに嚙まれたときに、踊ったり走りまわったりすることで毒を和らげる効果があるとされていたことが語源とされている。

　タランテラの歴史は古く、中世にまでたどることができる。当時はマンドリンやカスタネット、タンバリンの演奏に合わせて踊っていた。またこの舞曲はナポリ地方にかぎらずイタリア各地で流行したため、地方によってそれぞれの特色がある。

　ロマン派の作曲家もこの踊りに関心を寄せ、タランテラあるいはタランテラ風の音楽として書かれている作品は数多い。以下に代表的なものを挙げておく。

・F. メンデルスゾーン＝バルトルディ：交響曲第4番《イタリア》（1833）第4楽章
・G. ロッシーニ：歌曲集《音楽の夜会》（1837）　第8曲〈ダンス──ナポリのタランテラ〉
・F. ショパン：《タランテラ》op.43（1841）
・F. メンデルスゾーン：《無言歌集 第8巻》op.102（1845）　第3曲〈タランテラ〉
・F. リスト：《巡礼の年 第2年補遺「ヴェネツィアとナポリ」》（1861）　第3

曲〈タランテラ〉
・P. チャイコフスキー：《イタリア奇想曲》op.45（1880） 後半部分からコーダにかけて

楽曲分析

●──ロンド形式

　この楽曲は第9曲〈狩り〉と同じく、序奏とコーダ付きのロンド形式で書かれている。〈狩り〉の場合は各部分の音楽の内容がほとんど同じだったのに比べて、〈タランテラ〉では各部分に趣向がこらされていて、8小節ごとに新しいダンスが手を変え品を変え出てくるので、まったく飽きることがない。

●──序奏

　曲は、いきなり f および1オクターヴのユニゾンで提示される旋律線と、sf をともなったきわめてダイナミックな抑揚から始まる。序奏最後のカデンツは半終止で終わっているから、次の A 部分に向けて「開いている」といえる。第14曲〈シュタイアーの舞曲〉、第17曲〈おしゃべりな人〉両曲の序奏では、V保続のドミナント和声で主部への期待感を出していた。ここでは、半終止のカデンツをもちいて言い切るかたちで序奏を終えることで、センセーショナルな印象をあたえている。

　旋律の特徴としてはここでの「上行・下行の順次進行」型は、A から始まる旋律線の逆行となっていて、いわば A を先取りしているといえよう。

●── A ： p からの始まり、保続音と転調

　序奏とは打って変わって、A は p から始まる。序奏での旋律が骨太でくっきりした印象をあたえているのは、1オクターヴ・ユニゾンでもって旋律線をくっきりと出しているからである。その太いラインは、オーケストラであればトゥッティ・ユニゾンであることを示している。

La tarentelle
タランテラ

> **指揮法テクニック**
> ・in 1
> ・叩き

> **楽曲の構成**
> ・ニ短調、8分の6拍子　＊旋律部分にアウフタクトあり
> ・ロンド形式：序奏＋A（8）＋B（8）＋A（8）＋C（8＋8）＋A（8）＋コーダ（11）

20. タランテラ　La tarentelle　| 189

いっぽうここでは高音域での単旋律がもちいられていて、笛の音を連想させる。シチリアン・タランテラとよばれるシチリア島でのこのダンスでは、実際に小さな縦笛「フリスカレットゥ」が活躍する。
　伴奏形に着目すると、Ⅰの保続音である前半4小節は保続によってバスが主音から動かず、順次進行する旋律線のスピーディな動きにたいして抜群の安定感でもって応えている。
　転調にかんしては、短調⇒長調の対照であるといえる。ヘ長調に転調したことで、最終小節での主音の1オクターヴ跳躍がきわめてあざやかに聴かれる。このように調がひんぱんに入れ替わるのもタランテラの特徴のひとつである。

● ── B ：保続音と伴奏形
　ここで調はニ短調に戻る。こんどは8小節間を通してⅤの保続音が続く。楽曲全体で保続音が多くみられる理由については、このダンスの成り立ちが関連していると推察する。
　ダンスは野外で踊られ、マンドリンなどの伴奏が付いていたという。伴奏楽器として、それよりも大型で野外において大きな音が出せるギターも同じように使われていたことは想像にかたくない。となると、簡易的な伴奏としてⅠやⅤの保続音中心のアルペッジョ的なもの──現代でいえばコードネームをそのままアルペッジョで上の音から下の音へ、あるいはその逆に弾いていくようなスタイル──がもちいられたであろう。ここでの伴奏の姿かたちは、その古(いにしえ)のかたちにならっているのかもしれない。

● ── A ：ニ短調を維持
　冒頭の A 部分と同じように始まるが、ここでは後半部分に転調はなくニ短調を維持する。

● ── C ：ニ長調、倍の長さのフレーズ、保続音
　主調であるニ短調にたいして同主調のニ長調が登場する。これまでのスピーディな旋律線とは対照的に基本ビートが4分音符となっているが、順次上行していくかたちは継承している。そしてこれまでとの大きな差異として、ここで

は8小節のフレーズが2回現れている。2回目のフレーズは、前半で最初のものに少し装飾を加え変化を出している。

● ――コーダ

　コーダでは序奏の旋律パターンが伴奏に乗って繰り返される。ここで旋律は序奏よりも1オクターヴ上から始まっているが、最終的にはさらにその1オクターヴ上を行き、*poco riten.*、そしてコードを3回鳴らし終わる。この手法もギターなど撥弦楽器[70]の伴奏パターンによくみられる。

指揮のポイント

● ――序奏：予備拍の出し方

　きわめて軽快なテンポの音楽なので、1小節を1つ取りの「叩き」で振っていく (in 1)。冒頭の予備拍は、2小節ぶん取るのが適当だろう。予備拍の1つ目は「数取り」、2つ目で「速く短めのブレス」で示せばうまくいくと思う。

● ――Aへの入り：*cresc.* と *subito p*

　序奏最後の休符のフェルマータからT.9への入りのアインザッツであるが、あらかじめ間の取り方について考えておいたほうがよい。カウントのしやすさからいうと、ここでのルフトパウゼは2小節が適当だと思う。2小節分であれば、それが「せーのー」あるいは「イチ、ニッ」のような音楽の流れと一致するから、すんなりと次の流れに入っていけることだろう。

　逆に、ルフトパウゼであれば、聴き手が予測できないような間をつくりだすべきだという考え方もあるが、このようなダンスの曲では、まずごく自然に踊ることのできるタイミングがよいのではないか。

　次に、T.13〜16の *cresc.* と T.17への入りの *subito p*、およびT.33の *subito*

---

[70]――ギター、マンドリン、リュートなど弦をはじいて演奏する楽器の総称。

p は的確にアインザッツを出さなければならない。

● ──**スフォルツァンド**

　序奏（T.2、4）、コーダ（T.59、61）および C 部分の T.36、44 の *sf* を明確に示せるようにしよう。コツはその拍に重心を感じて振っていくことだ。

● ──**コーダでの大胆な ritenuto、in tempo、終結の3つのコード**

　コーダの T.64 に *dimin. e poco riten.* との記載がある。曲が最高潮に盛りあがっているなかの指示であるが、躊躇なくおこなうべきである。具体的には T.64 でテンポをゆるめ、T.65 は1小節2つ取りでよい。

　終結を迎える in tempo（T.67〜68）では、1小節「1つ振り」にこだわらなくてよい。最後の3つのコードは、音をそのまま振ることでよいと思う。具体的には、曲の終結のために3回「叩き」で振るということである。

21.
天使の音楽　L'harmonie des anges

楽曲の背景

●──ハーモニー

　冒頭の発想標語 *armonioso*（伊：アルモニオーゾ）は直訳すれば「響きのよい」「調和のとれた」の意味で、ここではピアノで弾くさいに「アルペッジョのバランスに注意し、ハーモニーを感じて演奏しなさい」ということだろう。

　類語で Harmoniemusik（独）や musique d'harmonie（仏）というと、管楽器の合奏のことをいう。その範疇（はんちゅう）は、モーツァルトの《13管楽器のためのセレナーデ》KV361のような管楽アンサンブルから現代の吹奏楽まできわめて幅広い。さらに armonium（伊）は、ハルモニウム（英・仏：harmonium、独：Harmoium）つまりリード・オルガンのことであり、タイトルにある天使やキリスト教の宗教音楽につながるものがある。ヨーロッパのカトリック教会を訪れると、壁面に天使が管や弦のさまざまな楽器を演奏している小さな像を見かけることがある。ここでの「ハーモニー」も、そのように楽器を奏でる天使たちの合奏をさしているのではないか。

　曲調はバッハの《平均律クラヴィーア曲集 第1巻》第1番〈プレリュード〉BWV846を想起させるような、ハーモニーやアルペッジョ自体が一体となって旋律となり、大きな音楽の流れを形成するタイプの楽曲である。

L'harmonie des anges
天使の音楽

```
指揮法テクニック
・平均運動
・やわらかな撥ね上げ
・しゃくい
```

```
楽曲の構成
・ト長調、4分の4拍子
・3部形式：A（8）＋B（8）＋A（8）＋コーダ（8）
```

21. 天使の音楽　L'harmonie des anges

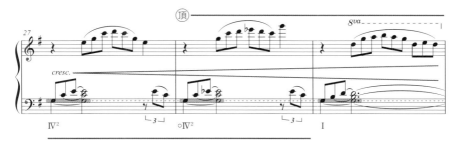

楽曲分析

●──A：アーメン終止と保続音

Aは8小節（4+4）からなり、前半4小節はⅠ保続音上でのアーメン終止Ⅰ－Ⅳ²－Ⅰ、そして後半4小節はⅤ保続を中心にⅠ²－Ⅴ₇－Ⅰの終止定式がもちいられている。

際立っているのは、アーメン終止のカデンツ（T.3〜4）に *cresc.* が記されており、それにしたがって盛りあげた結果、次のフレーズの最初に肩透かしを食わせるような *p* の指示があることである。そのような *subito p* の提示自体は、古典派の音楽でよくみられる。ここではT.5に突入した瞬間に音量を落とすことで、Ⅴのオルゲルプンクトの緊張感を出そうと試みているところがまことに興味深い。演奏にさいしてはⅤの保続音をぐっとこらえて *p* の緊張感を味わったうえで、低音パートの2拍間の休止後のドミナントのちょっとした言い直し（T.7終わりのⅤ₇）を明確に表現できるよう試みてほしい。

●──B：平行調への転調

このセクションは、平行調であるホ短調で書かれている。ここにも前半4小節にアーメン終止のカデンツがみられる。T.9〜10でバスとソプラノが織りなす上行形によって天に舞いあがるかのような急速な *cresc.* の後で、Ⅳのアルペッジョが聴かれる。とくにT.11では1小節内に抑揚があり、カデンツにおけるⅣの和音を強調している。

後半4小節はバスの動きがそのまま旋律の様相を呈している。ここでのソプラノのアルペッジョの骨組みの音を拾っていくとバス旋律の反行となっており、やがてそれら2声が一体になりながら、ドッペルドミナントを含む半終止のカデンツを導きだしている。

●──Aの再現とコーダ

T.17〜24はAの再現であり、最初の8小節とまったく同じである。古典派的な様式美を感得しつつ、再現部を演奏していこう。

T.26以降がコーダである。ここでは、まず入念に6小節かけてアーメン終止を遂行させている。

それ以前と異なる大きな特徴は音の扱いである。これまで3連符はハープのようにそれぞれ個別に弾かれていたが、コーダではバス・パートを含む下3声部そのものが和音の響きとなるように各音を引き延ばし、念入りに書かれている。その効果によって、コーダ全体がパイプ・オルガンのサウンドのような厚い響きに包まれているのである。そしてそのはるか上方で、もうひとりの天使であるソプラノ・パートがあたかももうひとりの天使であるかのごとく、竪琴を奏でつづける。

竪琴の音が順次下行し静かに地上に舞い降りると、締めくくりのコラールとなる。最後の3小節間では、第19曲〈アヴェ・マリア〉冒頭に似たコラール書法（4声体による合唱を模した書法）がみられる。そのカデンツのきっかけとしてドッペルドミナントによる減七の和音がもちいられている。

●──天使の合唱

この最終3小節間でのとつぜんのコラール書法の意味をあえて説明するとしたら、「音階の下行とともにゆっくりと地上に舞い降りた天使たちは、それまで奏でていた竪琴を置き、ア・カペラの賛美歌の合唱でもって音楽を締めくくる」といった筋書きなのであろうか。ちょうどコラール書法になった部分に **Più lento** の表示があり、ここからゆったりとしたテンポで合唱することを示唆しているようにもみえる。

A. デューラー『奏楽の天使たち』（1521）

版による差異：スラーと和音

●──フレージング・スラー

　本書ではここでも初版にしたがって、基本的に3連符ひとつずつにスラーをかけている。しかしながら、多くの版では1小節以上にわたるフレージング・スラーがかけられている。それらはピアノのペダルを意識してのスラーと推察でき、そのこと自体に問題があるわけではない（譜例24 a・b）。けれども指揮のレパートリーとして譜面を読んでいく場合には、ここに表れている初期ロマン派のシンプルなスラーを参考に、作曲者の描いたピュアな音楽の姿についても考えていくべきである。

●──改訂版での和音の差異

　コーダ最終部分におけるコラール書法の部分において、初版とその後のさまざまな版では和音が異なる箇所がある。それは、件(くだん)のア・カペラのきっかけとなるT.31③のバスの音である。初版においては上述のように減七の和音がもちいられている。他方、その後の多くの改訂版ではバスを半音下げてesとして増6の和音とし、聴き手の期待をよい意味で裏切っている。響きは原典とは異なるが、しかしそのサウンドは新鮮かつきわめて美しい（譜例25）。

21. 天使の音楽　L'harmonie des anges　｜　201

譜例24　初版でのシンプルなレガート・スラー（a）と校訂版でのペダルを意識したアーティキュレーション・スラー（b）

譜例25　改訂版での最後のカデンツ（T.31 後半、Ⅴの下方変位の和音）

指揮のポイント

●──4分の4拍子か2分の2拍子か

　ここでのテンポの取り方と感じ方は2通りある。ひとつは基本的に1小節4つ取りで進めていく方法であり、もうひとつは1小節2つ取りする方法である。

　Allegro moderato というのはけっこう微妙なテンポで、1小節を4つ取り、2つ取りのいずれにも対応できてしまう。どちらの方法で音楽を進めていくかという課題は、たんに4つ取り2つ取りの問題ではなく、4分の4拍子のビート感なのか、あるいは2分の2拍子のそれなのか、ということに帰結する。

●──4つ取りの場合

　4つ取りするさいには、「やわらかな撥ね上げ」もしくは「やわらかなしゃくい」を応用して振っていこう。図5「引っ掛けの連続」での図形をそのままレガートに置き換えるかたちで対応できる。そのさいに「1拍のなかに3連符を感じて振る」ことを忘れないようにしよう。

　そして当然のことながら、落ち着いた4拍子のテンポで進めていきたい場合に、この4つ取りの方法をもちいる。

●──2つ取りの場合

　2つ取りにはさまざまな図形が考えられる。全体を通してレガートの音楽なので、ここでも基本は「やわらかな撥ね上げ」または「平均運動」である。

　2つ取りは一定以上の速さで音楽を進めていく場合にきわめて有効だが、頭のなかでのカウントの単位を「1・2・3・4」ではなく「1ト、2ト」と感じるよう心がけること。そのさいに「ト」の拍は、4つ取りの場合の「2・4」拍よりも「軽めに」感じるように心がけよう。再度 p.049 の図3に立ち戻って、みずから必要な振り方を見つけてほしい。

●――各セクションでのポイント

1．A および C

T.3〜4：*cresc.* にともなって「しゃくい」。

T.5：*subito* ***p***、その後は T.8 まで「やわらかな撥ね上げ」または「平均運動」。大切なのは、フレーズの締めくくりのために、T.7 ④でバスの動きにたいしてアインザッツを出すこと。

2．B

T.9〜10：*cresc.* にともなって「しゃくい」。

T.11：*cresc.* および *dim.* を表すため「しゃくい」。

T.12 ①：*subito* ***p***、④バス旋律の入りにアインザッツを出す。

T.13 ①：バスの旋律の入りにアインザッツを出す。

T.13〜14：「しゃくい」。***sf*** に頂点を感じて。

3．コーダ

T.26：「平均運動」。

T.27〜30：*cresc.* および *dim.* を表すため「しゃくい」。T.30後半では *poco riten.* にともない減速。

T.31：③は「叩き」に近い「しゃくい」。またここから新たなテンポ（ハッキリ遅く）。

T.32〜33：ごくやわらかい「撥ね上げ」。

22.
バルカローレ　Barcarolle

楽曲の背景

●──**バルカローレ：性格的小品**

　表題の Barcarolle（伊：バルカローレ、仏・英：バルカロール）とは、イタリアはヴェネツィア（ヴェニス）でゴンドラの舟頭（ゴンドリエーレという）が口ずさむ歌に由来するといわれ、すでに18世紀には広く知れわたっていたようだ。「バルカローレ」の名によるピアノの性格的小品については、F. メンデルスゾーン゠バルトルディが先駆者である。彼の代表的なピアノ作品《無言歌集》（全8巻）のなかに「バルカローレ」は3曲みられ、どれも〈ヴェネツィアのゴンドラの唄〉[71]と題されている。とくに最初の曲は、実際にヴェネツィアで作曲された。この《無言歌集》のなかのそれぞれの小品には、タイトル付きのもの、付いていないもの、メンデルスゾーン自身の命名によるもの、そうでないものなどさまざまであるが、これら3曲の〈ヴェネツィアの舟唄〉はすべて作曲者自身の命名によるものだ。

　他にピアノ作品として「バルカローレ」を書いた作曲家には、ショパン、フォーレ、チャイコフスキー、ラフマニノフなどがいる。歌曲ではシューベルト等々。オペラにもちいられた例としては、オッフェンバックの喜歌劇《ホフマン物語》（1881）における有名な〈ホフマンの舟唄〉、J. シュトラウスの喜歌

---

[71]──最初期のものは《無言歌集 第1巻》op.19-6（1830）で、ブルクミュラーよりも20年以上早い時期に書かれている。

劇《ヴェネツィアの一夜》（1883）で歌われる〈ゴンドラの唄[72]〉などが有名である。

ちなみに、ブルクミュラーは《18の練習曲集》op.109（1858）でも〈ゴンドラの船頭唄（Refrain du Gondolier）〉というタイトルのバルカローレを書き残している。

楽曲分析

●――長い序奏：2つの掛け声

この楽曲は全体で47小節であるが、序奏はそのうち11小節を占める。曲集のなかでこれまでにない長さである。しかもはじめに同じモティーフを繰り返し、さらにその後またリピート。これはいったい何を意味しているのだろうか？

出航前にゴンドリエーレは客にたいして、まず「準備はいいか？（Va bene?）」と確認2回、そしてまた「出航！（Partenza!）」の合図2回、計4回の安全確認をおこなう。舟頭からのこれらの安全確認は、現実になされているようだ。ここでの同種のモティーフ4回は、安全確認の掛け声を意味しているのではないか。

楽曲では掛け声（2回ともトニカの和音）にたいして、それぞれカデンツでの応答がある。1回目は主調である変イ長調のカデンツ。ここで客はゴソゴソと出発準備か。2回目のカデンツは、いかにもそこからゴンドラによる周遊の旅が始まるかのような、あるいは舟旅への期待あるいは安全を祈っているかのように、いきなり転調してハ短調アーメン終止へと向かい、終結は長三和音（ピカルディⅠ度[73]）がもちいられている。しかもバス声部に付加されている前

---

[72]――この曲の冒頭では "Ho, a, ho" との掛け声が入る。これは水路の交差点など見通しの悪い場所での衝突を避けるために、慣習的にゴンドリエーレがたがいに掛け声を掛けあっていたものである。

[73]――短調のカデンツでⅠ度の解決音が長三和音となることをいう。

打音による1オクターヴ跳躍のエネルギーによって、舟旅への期待はよりいっそう高まる。

ところで、ここでの掛け声的な言いまわしは日常会話のなかでももちいられるフレーズだそうだ。イタリア在住の友人によればゴンドラにかぎらず、たとえばタクシー内での運転手と客とのあいだでも、ほとんど同じようなやりとりがなされるようである。

そして序奏最後の3小節では冒頭の掛け声モティーフをカノン的に応用し、旅人の期待をふくらます。この3小節間、Ⅴのペダル音（保続音）が低音域でずっと響いているのも次への期待の表れである。

●──A：波と舟漕ぎのリズム

T.12からがAの始まりである。最初に提示される8分の6拍子のゆりかごのようなリズムが波を表すバルカローレの典型リズムである。ヴェルディによれば、「やっと感じられるほどの動きで、ゴンドラは滑るように前進する。櫂（かい）が止まると減速する。その繰り返しなのだ。長音と短音。この動きがすべての舟歌を生んだのだ」[74]。この長短のリズムとは、8分の6拍子のなかでの4分音符と8分音符に相当する。そのリズム・パターンを2回繰り返すことによって8分の6拍子1小節ぶんとなるのだ。ここでブルクミュラーは、ヴェルディ言うところの長い拍を短くして、①と②それぞれの拍頭のリズムを8分音符に同化させたものである[75]。

T.13からは *cantabile* と指示にあるとおり、ゴンドリエーレの歌の始まりである。彼は歌いつつ櫓を漕ぐ。旋律は8（4＋4）のフレーズであり、前半は全終止、後半はハ短調に転調している。

---

[74] ── Franz Werfel, *Verdi ― Roman der Oper*, Paul Zsolnay Verlag (Berlin-Wien-Leipzig, 1924), p.20. この部分の邦訳は A. M. マーニョ『ゴンドラの文化史』（和栗朱里訳、白水社、2010）、p.210 より。

[75] ──バルカローレでは、8分の6拍子を2つ取りしていくので、①は最初の8分音符3個分、②は後半の8分音符3個分を示す。

Barcarolle
バルカローレ

指揮法テクニック
- 平均運動
- しゃくい
- やわらかな撥ね上げ
- 叩き

楽曲の構成
- 変イ長調、8分の6拍子
- 3部形式：序奏（11）＋ A （9）＋ B （11）＋ A （8）＋コーダ（8）

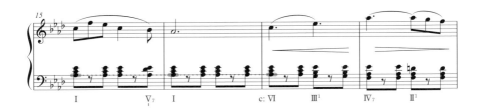
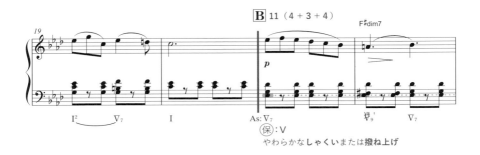

●──B：偶成和音[76]、波紋と水しぶき

　T.21〜31が B の部分であるが、調性は変イ長調に戻り、フレーズは11（2×3＋5）である。A では4小節を1単位としたフレーズが2回であったのが、B 前半では流れが細分化され、2小節×3回となっている。このセクションでは、微妙に音がぶつかる和音が聴かれる。T.22、26では②のV_7に行くための和音として、①で刺繍和音が使われている。

　もともと旋律上①が②に行くための刺繍音となっているので、和音も同じく①⇒②に解決する。しかしながらT.22、26はバス声部がVの保続音となっているから、保続音 es と和声上の fis とが増2度でぶつかる。保続音の安定した流れのなかで、偶成和音（ここでは刺繍和音）によって音を微妙にぶつけ、ゆるやかな運河の流れのなかに小さな波紋を起こすかのような印象をあたえている。

　また B フレーズ後半のT.27〜31では、伴奏リズムがそれまでのゆりかご型から、②から次小節①にかけてのゼクエンツ[77]的なシンコペーションのリズムに取って代わっている。旋律線についてもそれまでのレガート中心にたいして、スタッカートや装飾音を加えるなどの配慮をして、水面のしぶきを表そうと試みているのではないか。和声的にはそこがまた半終止のカデンツの連続となっていて、加えてT.28〜29がV保続音なので、再現部である A への期待感を誘う。

●──再現部 A：フレーズの頂点

　これまで3部形式とはいえ名ばかりのものが多かったが、この楽曲は構成がしっかりしており、各部分のバランスもよくコントラストも明確だ。ここ再現部でも、フレーズ最後のカデンツでしっかりと頂点が創りあげられている。和声的には、T.36〜39の準固有和音を含めたカデンツ（バスの半音下行が特徴）に重心がある。旋律線でいうと、T.32〜33にまず6度上行があり、それをさら

---

[76]──和声音と非和声音との間で偶然に成立する和音のこと。旋律や和声の動きのなかで偶然にできてしまった和音なので、和声進行の規則などは適用されない。

[77]── Sequenz（独）：短いモティーフやフレーズをたたみかけるように何度も繰り返すこと。反復進行。

に上まわるかたちでT.36〜38に7度上行がみられ、*cresc.* をともなうその箇所が、フレーズだけでなく楽曲全体の頂点と考えられる。

●──コーダへの入口：同居する新旧のフレーズ

T.39は、小節の前半においてはそれまで8小節のフレーズの終結を示し、後半「ド・レ」は次のフレーズへの橋渡しのアウフタクトとなっている。1小節のなかにフレーズの「終結と始まり」が同居している興味深いケースである。

●──コーダ

この楽曲ではコーダの長さも8小節と、これまでになく長くなっている。重要なのは終結の4小節において、ふたたび例の掛け声モティーフが再現されていることである。ここでは発想記号に *perdendosi* とあり、「消えゆくように」曲を終える筋書きとなっている。掛け声の意味は「無事に到着！」とみてまちがいあるまい。

●──楽語

- *lusingando*：優しく
- *perdendosi*：しだいに音を弱めて（同時にテンポもゆるめて）

指揮のポイント

「あるとき「リゴレット」を作曲していたヴェルディは、この動きを〈ヴェネツィア風8分の6拍子〉と名付けた[78]」

上記は先に引用したF. ヴェルフェル著『ヴェルディ』(1924)からの言葉である。ここでは彼の言葉を受け入れ、ゆったりと余裕をもって1小節2つ取りで振っていこう（in 2）。

---

[78]──Werfel, *ibid*, p.20. 邦訳はマーニョ前掲書、p.210。

● ──序奏

　冒頭の例の掛け声モティーフには *pp* の指示があるが、はっきり振りはじめたほうがよいと思う。予備拍でゆっくりブレスをしてから、①は表情を出すために「やわらかなしゃくい」または「やわらかな撥ね上げ」で振ろう。

T.3：*cresc.* を感じつつ「しゃくい」。
T.4：*f* の「叩き」もやわらかに、しかも両手で振りたいものだ。点後は *dim.* とともに両手を中央までもってこよう。そうすることで *dim.* が示せるはずである。
T.5〜8：基本的には冒頭4小節と同じであるが、T.8でバス・パートの装飾音符を使用しての1オクターヴ跳躍がみられる。その上昇エネルギーを感じつつしっかりキメていこう。
T.9：①②「やわらかなしゃくい」または「撥ね上げ」。②カノン的なパートの入りに左手でアインザッツを出す。
T.10：旋律線の7度上行およびフレーズの頂点を感じて「しゃくい」。
T.11：② *dim. e riten.* を意識して図形を順次縮小、点後を「引き延ばし」。

● ── A
T.12：*a tempo* ここからがゴンドラの旅の始まり。この1小節は序奏となっている。伴奏のゆりかご型リズムを感じつつ、ごく軽い「叩き」。
T.13〜14、18〜19：伴奏リズムや旋律の表情を感じつつ、「やわらかなしゃくい」または「やわらかな撥ね上げ」。
T.21：①「平均運動」、②次の水しぶきの和音を意識して「やわらかなしゃくい」または「やわらかな撥ね上げ」。

● ── B
T.22、26：①は和声上のぶつかりを意識し軽い「叩き」、②「やわらかなしゃくい」または「やわらかな撥ね上げ」。
T.23〜25：「やわらかなしゃくい」または「やわらかな撥ね上げ」。
T.27〜29：①「しゃくい」、②ごく軽い「叩き」。

T.28〜29：①「やわらかなしゃくい」または「平均運動」、②ごく軽い「叩き」。
T.30〜31：*dimin. e poco rall.* を意識して図形を順次縮小、T.31②点後を「引き延ばし」。

◉──A'
T.32〜35：伴奏リズム・旋律の表情を感じつつ、やわらかな「しゃくい」。
T.36〜38：T.37にあるフレーズの頂点をめざしていく。旋律の頂点およびカデンツを意識しながら「しゃくい」で表情を出しつつ振っていく。

◉──コーダ
T.39〜43：ここから5小節間、Ⅰの保続音が置かれている。安定した流れのなかで曲は終結を迎える。ゆりかごのリズムを感じつつ、「やわらかなしゃくい」または「やわらかな撥ね上げ」で振っていく。
T.44〜：「到着」を示す掛け声モティーフとともに曲を終える。*perdendosi* とあるので、*dim.* とともにテンポもゆっくりしつつ、静かに曲を閉じる。

ヴェネツィアのゴンドラ　© Saffron Blaze

23.
帰還（再会）　Le retour

楽曲の背景

●──馬車のリズム

　速度標語は「きわめて激しく、プレストのようなテンポで」とあるように、8分の6拍子のきわめて速いテンポである。序奏での低音パートの1オクターヴ跳躍および同音連打は、馬車が疾走するリズムを想起させる。そしてまた、ここでのb音の連続は主調である変ホ長調のVの保続音となっており、序奏部全体がVの保続音──いわゆるドミナント上──にある。この序奏部分は8小節と長いだけに、来(き)たるべき主部への期待感はことさらにふくらむ。

●──序奏：ベートーヴェンのエコーが聴こえる

　じつはここで聴かれるT.2後半から始まる2声部による3度下行の動機は、ベートーヴェン由来の「告別の動機」を意識していると考えられる。
　ベートーヴェンはピアノ・ソナタ第26番変ホ長調《告別》op.81a（1810）の第1楽章の冒頭において、4分音符3個の上に、みずからドイツ語で"Le-be-wohl（別れ）"という言葉を書き添えている。そこでの旋律は2声部で書かれ、また手のこんだことに、和声進行にホルン5度がもちいられていて、音域的にもホルン[79]の響きをイメージさせる（譜例26）。

---

[79]──この場合は、ホルンというよりはむしろ郵便馬車の御者が吹き鳴らすポストホルンを想起させる。

譜例26　ベートーヴェン：ピアノ・ソナタ第26番変ホ長調《告別》op.81a 第1楽章の初版譜ファクシミリ

　ところで、ベートーヴェンの「告別」には特別な意味がある。彼の後援者であったルドルフ大公は当時、ナポレオンのウィーン侵攻にさいしてオーフェン（ハンガリーのブダ地区）に一時疎開していた。ベートーヴェンは大公との別離にさいしてピアノ・ソナタを書き、3つの楽章それぞれに〈告別〉〈不在〉〈再会〉と名づけてルドルフ大公に献呈した。第1楽章〈告別〉には、大公との別れを惜しむ作曲者の気持ちがこめられているのである。

　ブルクミュラーはベートーヴェンに由来する「告別の動機」をさらりともちいて、「乗馬による帰還」を書きしたためた。ブルクミュラーが、ここでベートーヴェンの《告別》ソナタについてなんらかの意識をもっていたことは明白であろう。〈帰還〉——あるいはベートーヴェンを意識し、あえて意訳すれば〈再会〉——というタイトルを付け、ベートーヴェンの動機を援用した小品を子どもたちに提供することで、先人であり大作曲家ベートーヴェンの《告別》ソナタ、ひいては彼の作品全般への興味を喚起したのかもしれない。

Le retour
帰還（再会）

指揮法テクニック
- in 2
- 叩き
- しゃくい
- やわらかな撥ね上げ

楽曲の構成
- 変ホ長調、8分の6拍子
- 3部形式：序奏（8）＋ A （8）＋ B （8）＋ A （8）＋コーダ（6）

23. 帰還（再会） Le retour | 217

楽曲分析

● ──序奏：モティーフの引き延ばし、転位音

　楽曲の詳細についてみていこう。
　序奏部分では、この3度下行の動機が計3回現れる（小節を細かく句切ると2＋2＋3のフレーズ）。ベートーヴェンの場合は最初がⅠの和音であったが、ここでは序奏部全体がⅤの保続音上で展開するので、V_7の和音から始まっている。そして2度目はV_9、最後は1小節拡大して$V_7 \Rightarrow V_9$となっている。とくに最後の小節が重要である。冒頭からの「告別の動機」は、まさにこの *sf*（ここでは表情のアクセント）をもって最高音となり頂点を迎えることとなる。
　ここではモティーフの長さが、それまでの「アウフタクト＋1小節」から「アウフタクト＋2小節」へと膨れあがっている。加えて、T.8 ②のg^2はⅤの付加6度に相当し、本来ドミナントの和音に含まれていない転位音であるから、フレーズの締めくくりとしてきわめて重要なポイントとなっている。したがってこの序奏最後の1小節では、頂点を感じられるだけのじゅうぶんな時間を使ってから主部 A に入ったほうがよいだろう[80]。

● ── A ：再会に向かうときのささやかな喜び？

　この部分の大きな特徴は、ほとんどの部分──計6小節半──がⅠの保続音上にあるということである。したがってフレーズの進行はきわめて安定している。序奏部では全体が属和音の保続音上にあり、緊張状態──再会への緊張と期待──だったのにたいして、ここでの安定感は「再会」が恒久的なものであることを示しているのであろう。そして音量は *pp* で、旋律的にも音の動き全体にスタッカートが付されており *leggielo* 的なキャラクターであるから、「再会」の喜びはささやかなものであったのかもしれない。あるいは大きな喜びを胸中に秘め、わざわざ平静を装っているのか。

---

[80]──上記のように少し時間的に余裕をもってフレーズの頂点をめざす方法のことを、Zeit lassen（独：じゅうぶんに間をとって）という。マーラーなど後期ロマン派の作曲家たちが好んでもちいた。

●──Ⓑ：紆余曲折、ダイナミックな転調と跳躍

Ⓑでは次々に転調していく過程がきわめて興味深い。ソナタ形式でいうところの展開部のようなキャラクターをもつ8小節であるといえよう。短いが緊密な部分だ。

T.17～18：ハ短調。
T.19～20：ト短調。
T.21～24①：ニ短調。
T.24②：変ホ長調のV_7で原調に戻る

　「告別」の後から「再会」までの紆余曲折を表現しているのであろうか。まず変ホ長調からハ短調への転調もダイナミックであるが、ニ短調から変ホ長調に戻るさいに、ニ短調のⅥを応用し、V_7の和音たったひとつを挟むだけでもとの調に戻ってしまうのもたいへんセンセーショナルである。
　また旋律線ではアルペッジョと跳躍中心のバスの旋律の動きもきわめて大胆で、最低音から最高音までの跳躍の幅は2オクターヴ以上におよぶ。

●──Ⓐ：再現部

　この再現部は、最初のⒶの部分とほとんど同じである。異なるのは、T.25最初の8分音符──再現部の開始音──に *sf* で刻印が押されていることである。この刻印が再現部開始の合図となっている。

●──コーダ、馬車はゆっくりと停まる、そして再会

　コーダは6小節である。旋律線、和声ともに順次下行して終結する。ここでの特徴は、「告別」モティーフの残像が透けてみえることだ。絶えず刻まれてきた例の郵便馬車のリズムがディミヌエンドし、まさに停車しようとしているそのとき、ふたたび「告別」モティーフが聴かれる。最後にそれをもういちどもちいた理由は、再会への喜びをかみしめているのであろうか、あるいは先人ベートーヴェンへの畏敬なのか。
　いずれにせよ、T.33～36でのソプラノ声部とバス声部に例の3度下行の動

機を大切に扱わねばならない。最終2小節間でソプラノ・パートは第3音から根音へ、バス・パートは1オクターヴ下行することで、より響きの安定した配置へと落ち着き、楽曲は終結を告げる。

　ここでの規則的な馬車のリズムが、ディミヌエンドとともにテンポが収まっていくのは、再会の目的地に無事到着した様子を示しているのだろう。

指揮のポイント

　全体を通して1小節2つ取り（in 2）、基本的にはごく軽い「叩き」でよいと思う。

序奏：全体のテンポおよび馬車のリズムであるスタッカートは、右手によるごく軽い「叩き」でよい。
　T.2②からの旋律へのアインザッツおよび *cresc.* や *sf* などの表情は左手で表せるように試してみよう。T.8①の *sf* が、序奏部全体の頂点となるように音楽を進行させていく。頂点ではほんの少しブレーキをかけるつもりでよいと思う。

A：*pp* で、ごく軽い「叩き」。T.12①、15②は、表情のアクセント（歌うアクセント）を感じて振ること。この部分はフレーズの流れが安定しているので、次の部分とのコントラストも考慮して、右手だけで振ってもかまわないだろう。

B：この部分は、両手を使ってダイナミックに振っていこう。バスの旋律線のレガートを活かし、「平均運動」「しゃくい」中心に、指揮のデザインに考慮して横に流して振る。ただし、T.18、20に出てくる1オクターヴ下行については、交互に現れるデュナーミクのコントラスト（*f* ⇒ *p* ⇒ *f*）も忘れずに表現すること。

A：T.9〜16とほぼ同じ。注意すべきはT.25①の「刻印の *sf*」である。軽くてシャープなアクセントをイメージしよう。

コーダ：3度下行の「告別」の動機を感じつつ、*riten.* して曲を終える。

❖──マーラーによるコラージュ

●──マーラーの第9交響曲

「告別」の動機に関連して思い起こされるのが、後期ロマン派の作曲家G. マーラー（1860〜1911）による交響曲第9番ニ長調（1910）第1楽章冒頭部である（譜例27）。ここでも例のベートーヴェンの《告別》からの動機がコラージュ的にもちいられている。

マーラーの場合、さすがに時代が20世紀にいたっていることもあり、引用の手立てにもさまざまな仕掛けがみられる。まず3度下行のかんじんな3番目の音がないのである。いや、ないのではない。和声上の響きのイメージとしてはあるのだが[81]、あるべき場所に旋律音としては存在しない。あるいは当初から3つの音のくくりとして考えたのではなく、2音による2度下行の旋律として考案していたのかもしれない。そのことは、この旋律が自身の前作《大地の歌》第6楽章の〈告別〉コーダ部分での"ewig（永遠に）"の旋律線から影響を得ていると考えれば納得できる。さらにスコアを熟読すれば、次のフレーズ（T. 9〜10）になってようやく、本来の3度下行モティーフのかたちが第2ホルンによって表されている。

マーラーの交響曲第9番では、「告別」に加えて「生」と「死」あるいは「永遠」など多種多様なイメージがかかわってくるので、動機の表現方法もけっして一筋縄ではいかないのだ。しかし2度下行にせよ3度下行にせよ、引用の方法や音楽的な方向性から、柴田南雄や吉田秀和の指摘にもあるように[82]、ベートーヴェンからの本歌取りであることは揺るぎないことである。

---

[81]──伴奏形の和声をみると、ニ長調 I^{+6}（Ⅰの付加六）のコードとなっている。ここでの付加六は、前作《大地の歌》と関連がある。

[82]──柴田南雄『グスタフ・マーラー──現代音楽への道』（岩波文庫、1984）、pp.166-168。吉田秀和『マーラー』（河出文庫、2011）、pp.58-64。

譜例27　ベートーヴェン、ブルクミュラー、マーラーによる「告別」関連の譜例

●──ベートーヴェン、ブルクミュラー、マーラー

　ここでベートーヴェン由来の「告別」の動機について分析していくことで、件(くだん)のブルクミュラーの楽曲からベートーヴェンへと遡行し、さらには後期ロマン派のマーラーにまで誘(いざな)われていくところは、音楽の輪廻転生(りんねてんしょう)といってもいい不思議を感じる。

24.
つばめ　L'hirondelle

標題音楽としての〈つばめ〉

● ── 羽ばたき、飛翔

　この楽曲は第11曲〈せきれい〉と同じく、鳥の生態を描写し表現している一種の標題音楽と考えられる。最初に気づくのは、全曲を通して絶えず動いている16分音符であるが、これはつばめのすばしっこい羽ばたきの音であろうか。アルペッジョで忙しく動くこの16分音符は、楽曲において調性や和声の進行などを伝える中心的な役割をになっている。

● ── さえずり、会話

　そして、ひんぱんに交代するバス・パートとソプラノ・パートは、つばめどうしのさえずりによる会話を表しているのではないか。ブルクミュラーが接していたとおぼしきヨーロッパアマツバメの場合、雌の鳴き声は高い音、雄は低い音であるという。そのイメージからすれば、たとえばT. 7〜8のソプラノのブリッジ的なパッセージがカノンのようにバスに受け継がれる部分を、雄と雌との応答のように受けとることができる。

L'hirondelle
つばめ

指揮法テクニック
- in 4 または in 2
- 叩き
- しゃくい

楽曲の構成
- ト長調、4分の4拍子
- 2部形式：A（16）＋ B（8）＋コーダ（6）

24. つばめ　L'hirondelle

楽曲分析

●──序奏なしの２部形式

　この楽曲には序奏がない。この曲集の後半では楽曲の規模が拡大し、序奏付きのものが多かった。しかしながら〈つばめ〉の構成はきわめてシンプルで、A B から短いコーダをへて曲を閉じる。小節数も30小節と、後半20〜25番のなかではもっとも短い。

　特徴としていえるのは、A の部分が B に比して倍の長さになっていることである。それについては後述する。

●──羽ばたきのサンドイッチ構造

　〈つばめ〉の楽譜を図形としてとらえてデザイン的に眺めてみると、以下の３つの要素が絡みあって楽曲が構成されていることがわかる。

a．バス（雄のさえずり）：和声と楽曲進行の土台
b．ソプラノ（雌のさえずり）：バスの「頭打ち」にたいして「後打ち」、旋律的な「合いの手」
c．アルペッジョ（羽ばたき）：楽曲のリズムおよびハーモニーの基本

　ここでは「羽ばたきのアルペッジョ」が具となり、「雄のさえずり」「雌のさえずり」がそれを包むようなサンドイッチ構造となっている。つねにすばしっこく羽ばたいているアルペッジョを中心に、雄と雌との対話というかたちで音楽は進行していく。

各部分の分析

●── A：転調

A を詳しくみていこう。曲全体の半分以上をしめるこの部分では、ほぼ同じ8小節のフレーズが2回繰り返されている。これら2フレーズのうち異なっているのは、各フレーズの終結部分である。異なっているのは以下の部分である。

T.7〜8①：一時的に転調した「ニ長調」から「ト長調」に戻るためのカデンツ。
T.15〜16②：「ト長調」から「ロ短調」への転調のためのカデンツ

●──さえずりのクレッシェンドと沈黙

この16小節間のデュナーミクに着目していくと、ある一定のパターンがあることに気づく。*p* から *cresc.* そしてまた *p* というものである。さらにそれには下記のような2つのパターンがある。

パターンA（T.1〜5①、9〜13①）：*p* から始まり、次小節から3小節間 *cresc.*。T.5①で *p*。
パターンB（T.5〜8、13〜16）：*p* から始まり、次小節から1小節のみ *cresc.*。T.7①でふたたび *p*、②から *dolce*。

以上2つのパターンがあり、これが A 部分のつばめの行動パターンである。*cresc.* はつばめどうしのさえずり（会話）の盛りあがりを示し、*p*（事実上の *subito p*）はとつぜんの沈黙である。これらのパターンを2回繰り返した後に、つばめたちは次の行動パターンに移る。

●── B：転調、レガートのパッセージはお辞儀？

この部分の最初の6小節はロ短調に転調している。ロ短調部分は T.17〜21

で、特徴はⅠの保続音が継続的にもちいられていることである。それによってバス・パート（雄の鳴き声）に跳躍がなくなり、安定感はあるが以前のような対話のスピード感は失われている。加えて特徴的なのは、T.18、20にある4分音符3個の動きである。まず旋律に刺繍音が含まれていること、そして *cresc.*、*dim.* をともないレガートで第16曲〈ひそかな嘆き〉と同じくシュヴェレ（Schwelle）がもちいられ、ふくらみのある表情的なパッセージとなっていることだ。ここでは中央の刺繍音に向かって表情を加えることで、パッセージがまるで「お辞儀」をしているかのごとく聴かれる。いずれにせよ、A にはなかった感情的表現である。

●──コーダ

ロ短調からT.21後半のト長調へ戻るカデンツをへて、コーダ（T.25以降）はごくシンプルに書かれている。上述の表情的パターン（2小節）を2回繰り返して、最後の2小節ではリズムをつかさどるバス・パートが、羽ばたきのアルペッジョとともに3オクターヴ下行し、曲を閉じる。

フレーズ長短による遠近感？

楽曲の構成について、さらに分析を進める。これまでの楽曲ではほとんどの場合、A B などそれぞれの部分の長さは平均してほぼ同じであった。しかしこの楽曲では、16小節＋8小節＋6小節というようにフレーズを構成する小節数が徐々に減じている。音楽の勢いも冒頭部分にもっともスピード感があり、それがロ短調への転調を機に流れが少しレガート的になる。

コーダではレガートのパッセージをもちいつつ冒頭からのアルペッジョでもってデクレッシェンドし、静かに曲を閉じるよう構成されている。

ここでのフレーズにおける小節数の減少は、つばめがだんだん遠ざかっていく遠近感を描こうとしているのではないか。一見何でもないようなところに隠された工夫がある。そこに作曲家の職人的な熟練がみられるのだ。ブルクミュ

ラーのこの曲集が出版されてから現在まで160年余、絶えず演奏されつづけている秘密は、そんなところにあるのかもしれない。

指揮のポイント

● ── in 4 または in 2

　楽曲そのもののビートは、in 4 の感じ方でよいと思う。しかしながら 4 つ取りすることでこの音楽のもつスピード感がそこなわれないようにしなければならない。

　また速めのテンポ設定によって、つばめの飛翔のスピード感、あるいは当節よくいわれるところの「グルーヴ感」（ここでは16ビートの）を出したいのであれば、1 小節 2 つ取りでかまわないだろう。

● ── 立つ鳥跡をにごさず

　あくまでも個人的見解であるが、終結にさいしての *poco riten.* はとくに必要ないように思われる。前項にて遠近法的なフレーズ構成について述べたが、ここでテンポを落としてしまうと、せっかくの作曲上のエクリチュールが生かされないように感じるのだ。

　日本の古いことわざに「立つ鳥跡をにごさず」とあるが、そのままのテンポでさらりと終わったほうが、すばしっこいつばめの飛翔にふさわしいのではないか。

25.
乗馬　La chevaleresque

タイトルについて

　ついに曲集の最後を飾る楽曲となった。ハ長調に始まったこの曲集の最後もやはりハ長調であり、作曲家は華やかにフィナーレを飾れるようさまざまな趣向をこらしている。

●──誤訳？

　この〈乗馬〉は、古くから〈貴婦人の乗馬〉などと訳される場合があった[83]。曲集ではタイトルはすべてフランス語で書かれている。例の第14曲〈スティリアの女〉とともに、この楽曲タイトルも「貴婦人」と「乗馬」が当時どのように結びつくか疑問があった。両曲に共通しているのは、女性名詞に付される定冠詞 La に若干の問題があったことだ。おまけに併記されている独語、英語のタイトルも原語タイトルにならって訳されていた。和訳だけに問題があったわけではないのだ。

---

[83]──原語タイトル "La chevaleresque"（直訳すれば「騎士道」）の定冠詞が、女性名詞に付される La であったため「貴婦人の乗馬」「令嬢の乗馬」などと訳された。近年では、この定冠詞とのあいだに本来あるはずのなんらかの単語が省略されてしまっているのではないかという説が有力であり、「ウィーン原典版」をはじめとして、たんに「乗馬」と訳されることもある。

La chevaleresque
乗馬

指揮法テクニック
- in 4
- 叩き
- しゃくい
- 平均運動
- 撥ね上げ

楽曲の構成
- ハ長調、4分の4拍子
- 複合3部形式：A（8）＋ B（4）＋ A（4）＋ C（8）＋ A（8）＋コーダ［No. 1（4）、No. 2（3）、No. 3（7）］

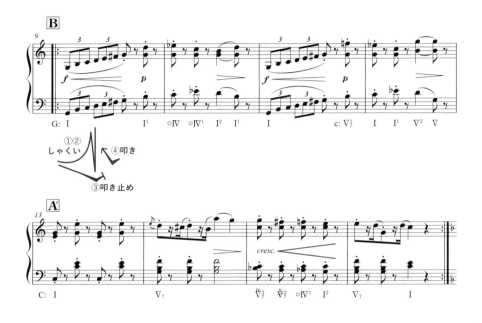
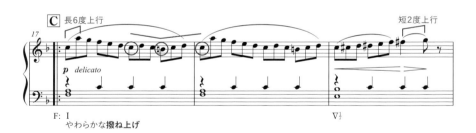

25. 乗馬　La chevaleresque ｜ 235

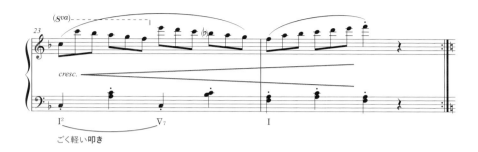

コーダ1

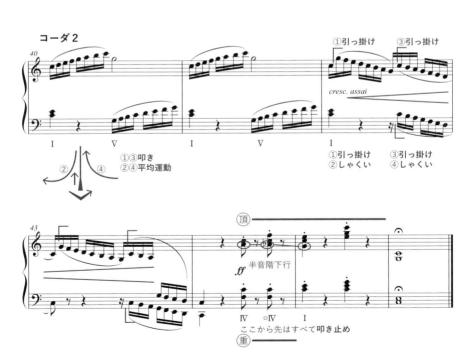

●──乗馬

　しかしながら、楽曲に内在する歯切れよいリズムとレガートとのコントラスト、トリオともいうべき3連符中心の優雅なレガートの部分の上品さなど、あらためて楽譜を読むと、音楽のキャラクターがその一見奇妙なタイトルとうまくフィットしていることに気づく。某出版社から出ている曲集の表紙で、小さくて素敵な帽子をかぶったやんごとなき西洋の貴婦人が乗馬を楽しんでいるイラストを眺めたときなど、本当に感心してしまった。

　タイトルにある「chevaleresque」という単語は、乗馬ではなく「騎士道の」という意味の形容詞であるが、ここでは「乗馬」としておこう。

楽曲分析

●── A ：歯切れよいリズム、さっそうとした姿

　この楽曲に序奏はない。いきなり歯切れのよいマーチ的な音楽の提示である。まずテンポ表示および発想記号には「マーチのように軽快に」とある。冒頭は8分音符4個の単純明快なリズムから始まる。のびやかな跳躍音程も馬の足どりをイメージさせる。これら独立した4個の8分音符が示すのは、いわゆる「速足(はやあし)」という2拍子型の乗馬リズムを示しているのではないか。「速足」の範疇に、少し速めの「パッサージュ」という前進を少し抑えたような特別の歩行法がある。ここでは音楽上のリズムの運びとして4つの拍が明確に分離して聴かれるので、おそらくその乗馬リズムを示しているように推察する。

　次にT.2前半は小太鼓を模倣した行進リズム、そして後半は7度跳躍進行＋レガートである。

　これら冒頭2小節のリズムおよび旋律のパターンが全曲にかかわる主要なモティーフとなっている。

　ここでまず素晴らしいのは「スタッカート⇒レガート」の鮮やかなコントラストである。とくにレガート部分について説明を加えると、7度跳躍にもちいられた a^2 音がちょうど属九の和音の第9音にあたり、根音であるバスのg

とぶつかる緊張状態となっている。付されている dim. 表示も含めて、その音に表情のポイントが来るように書かれているのだ。T.3〜4も同じようなリズム・パターンからなっているが、ここでは和声的にはT.3②からイ短調に転調しており、T.4にかけてゼクエンツをへてⅠに解決する。

　以上のように冒頭のたった4小節を分析しただけでも、作曲家による熟練の工夫がみられるのだが、音楽はそれを感じさせることはなくすこぶる自然な進行であり、親しみやすく単純明快、なおかつさっそうとした曲調は、いちど聴いたら忘れられないようなインパクトがある。

◉──B：とつぜんの3連符、障害物ジャンプ？／A

　この部分の特色はト長調への転調と、突如として現れる f の上行形3連符である。乗馬の訓練でジャンプでもしたのであろうか？　次におなじみの「パッサージュ」による乗馬場面（T.9④〜T.10）が p で聴かれるのは、そくざに「ジャンプ」から「パッサージュ」に戻ったのだろうか。いずれにせよ、このコントラストはたいへんにおもしろい。そして締めくくりのA は、A の後半4小節をもちいている。

◉──C：レガーティッシモ、隠されたモティーフ

　トリオに相当するのが、C の部分である。ハ長調の主部にたいしてここは下属調であるヘ長調で書かれている。発想標語に delicato とあるがすでに学んだように「繊細に」との意味で、演奏表現として心がけるのはレガーティッシモであろう。

　またここで、C の旋律線にA の旋律のモティーフがひそかに入りこんでいるのにお気づきであろうか？　T.17最初の2音の跳躍が長6度であるのにたいして、A 旋律の最初の跳躍も長6度である。またT.17③④〜T.18①が「ド・シ・ド」という刺繍音的進行（短2度）にたいして、A 旋律のT.2前半「レ・ド♯・レ」も同じく短2度による刺繍音的進行である。

　そしてT.19後半の fis^2〜g^2 とT.2後半の a^2〜g^2 がそれぞれ上行形（短2度）⇔下行（長2度）というように反行しているところもまことに興味深い。トリオの旋律を聴くさいに、どこかで聴いたことがあるように親しみ深く思うのは

自然なことで、これはあらかじめ仕組まれているものと考えてさしつかえあるまい。

● ──**再現の A**
　ここでの再現部は、A 8小節をそのまま応用している。

長大なコーダ

　この楽曲のいちばん大きな特徴はコーダにある。14小節間にわたる大規模なコーダを擁する楽曲は、この曲集中、他にはない。以下、コーダを3部分に分けて分析する。

● ──**コーダ No. 1：T.33〜39（7小節）**
　コーダ最初のフレーズ7（4＋3）は、A 部分のモティーフを援用して書かれている。例の「速足」リズム・モティーフを中心に p から f まで盛りあげたところで、最後の1小節にレガートのパッセージが現れて再度巻きなおしのための準備。次なる3小節は前半部分の変奏となっている。3連符の最初が休みであること、跳躍していることなどの不安定要因が増えており、ここはさらに高度な技術を要する障害物ジャンプなのかもしれない。

● ──**コーダ No. 2：T.40〜43（4小節）**
　従前にはなかった16分音符によるスケールの連続である。イメージ的にはトゥッティによるスケールの饗宴である。高音部（トニカ中心）⇒低音部の順（ドミナント中心）で、打ち上げ花火のごとくスケールが次々に現れる。最後は両者が1オクターヴ・ユニゾンとなり ff まで絶えずクレッシェンドを続ける。
　ここはオーケストラをイメージするとよい。たとえば最初2小節間のスケールの掛け合いは、木管セクション⇒弦楽器それぞれのユニゾンが現れ、そして次からの2小節間はトゥッティ、というようなオーケストレーションが目に浮

かぶ。そこには、チャイコフスキーの交響曲第4番終楽章のクライマックスを想起させる興奮があるのだ。

●──コーダ No. 3：T.44〜46（3小節）

そして最後はⅠ−Ⅳ−○Ⅳ−Ⅰというアーメン終止のカデンツにて曲を閉じる。もちいられているカデンツが、通常のⅠ−Ⅴ₇−Ⅰのような終止定式でないのが、また興味深い。

ここでいまいちど、第1曲〈純真さ〉を思い出してほしい。曲集の最初にもちいられているカデンツがなんとⅠ−Ⅳ²−Ⅰである。そこでは、Ⅰ保続音上でのカデンツなので明確に聴き分けるのはむずかしいかもしれないが、楽譜を読めばその部分にアーメン終止があることは明らかである。曲集の最後を飾る〈乗馬〉のコーダにて作曲家は、再度全曲を振り返ろうとしているのではあるまいか。加えて、この最後の楽曲で調がふたたびハ長調に戻ってきているのは、ブルクミュラーがこの25曲の練習曲集をひとつの大きな作品としてとらえていた証である。

楽曲全体のバランスから考えてあまりに長大で華麗なコーダには、以下のような思いがこめられているのかもしれない。

・曲集としての締めくくり
・終結のカデンツを第1曲と同様にして、曲集全体の統一感をはかる

終結のカデンツ

●──ブラームスの交響曲第1番

すぐに脱線するのが私の悪い癖であるが、最後にもうひとつだけご容赦いただきたい。作品を終結させるカデンツにアーメン終止をもちいている例として連想するのが、J. ブラームス（1833〜1897）の交響曲第1番ハ短調（1876）op.68である。ブラームスも彼の交響曲も、ブルクミュラーとは直接関係はな

いし、年代も少しばかり隔たっているけれども、着想から完成まで20年以上かけたというこのブラームスの作品の最後のカデンツもまたアーメン終止である[84]。しかも偶然ながら終楽章は調性がハ長調と、ここでのブルクミュラーと同一である（譜例28）。

●──アーメン終止のプラン

　ブラームスのこの作品では、第4楽章だけでなく第1楽章における終結のカデンツにもアーメン終止がもちいられている。さらにいえば、第1楽章序奏部分におけるIVの和音を重要視する和声進行が、第1楽章および第4楽章における終結のカデンツに影響をあたえているとも考えられる。ほかにも第1楽章展開部（T.232以降）で、クリスマスに歌われるコラール《おとろえた心よ、元気を出せ（Ermuntre dich, meinschwacher Geist）》をカノン的にもちい、トゥッティによる圧倒的なアーメン終止を聴かせていることも忘れてはならない。コラールとアーメン終止のカデンツ多用というとなんだかブルックナーの交響曲のようであるが、しかし構想20年余におよぶこの作品について、アーメン終止をもちいてある種の統一感をはかるというプランは、ひょっとしたら第1楽章を書きあげているあたりで、すでに彼の頭の中にあったのかもしれない。

　件の終結カデンツについてであるが、ここでは有名な終楽章第1主題の4度上行形モティーフが、あらゆる低音楽器によるアルペッジョ旋律となるようにオーケストレーションされている。ここで、バスを中心としてエネルギッシュに運ばれるアーメン終止でもってシンフォニーは大団円を迎えるのだ。ブラームスは先人ベートーヴェンの存在をつねに心中に秘めつつも、変格終止をもって第1交響曲のペンを置いたといえるのではないか。

---

[84]──終結のさいにV_7のカデンツをもちいていない作品には、他にドヴォルジャークの交響曲第9番《新世界より》、チャイコフスキーの交響曲第5番などがあるが、それら2曲についてはスラヴの民俗音楽などを援用したカデンツと考えられる。

譜例28　ブラームス 交響曲第1番 ハ短調 op.68　最終ページ

そしてブルクミュラーは……

　最後にもういちどブルクミュラーの終結部分についてふれておく。この〈乗馬〉の終結にさいして、ブルクミュラーのおこなったことは2つある。

●──色彩のコントラスト
　まずF（Ⅳ）のコードとFm（○Ⅳ）のコード（長三和音⇒短三和音）を並置することで、和音間の色彩のコントラストを出そうと試みたこと。演奏にさいして、とくにアルトに相当する内声パートにおいては、「ラ・ラ♭・ソ」の半音進行の動きをしっかりつかみ取って表現することが肝要である。

●──音程間隔
　次に、クライマックスとなる最後の4分音符と終結音の全音符との高低差である。ここではソプラノ声部最高音 c^3 とバス声部最終音（全音符）c^3 との落差を3オクターヴとすることで、最後の2音間のコントラストを際立たせている。そのことで楽曲の、ひいてはこの曲集全体の終止感をより確実にすることができた。

　ブルクミュラーのここでの曲集最終のカデンツには、とくに新鮮な気持ちで、しかも精いっぱいのエネルギーを注ぎこんで表現できるよう心がけてほしいものである。

指揮のポイント

　この楽曲は1小節内の4つの拍がしっかりと確立されているので、1小節を4つ取りで振っていく。

● ── A

　フレーズは 8 小節（4 + 4）とする。

T. 1、3、5、7：すべて軽い「叩き」。ただし T. 7 ②④ではゼクエンツのはじめを感じつつ、シンコペーション的に少しアクセントを意識して振る。
T. 2：①軽い「叩き」、点後次の 16 分音符を「引っ掛け」。②軽い「叩き」、点後で③に向けて「引っ掛け」＋「しゃくい」。③「しゃくい」（頂点を感じて）。④「平均運動」。
T. 4：③「しゃくい」、④ごく軽い「叩き止め」。
T. 8：③点後でフレーズの終わりを感じること（音の off）。

● ── B

T. 9：①② f から始めて、クレッシェンドにともない「しゃくい」。③「叩き止め」、点後で subito p の準備。④ subito p を感じて軽い「叩き」。
T.10：①②軽い「叩き」、③しゃくい④ごく軽い「叩き止め」。
T.11〜12：T. 9〜10と同じ。

● ── A'

T.13〜16：T. 5〜8と同じ。

● ── C

T.17〜22：ごくやわらかい「撥ね上げ」。ただし T.19〜20 では、クレッシェンドおよびデクレッシェンドにともない、やわらかな「しゃくい」。
T.23〜24：伴奏リズムにともないごく軽い「叩き」＋クレッシェンド。

● ── A の再現

T.25〜32：T. 1〜8と同じ。

● ── コーダ No. 1

T.33：① subito p、②③④ごく軽い「叩き」。

T.34：ごく軽い「叩き」＋クレッシェンド。
T.35：① f 「叩き」、②②しゃくい」、③「叩き止め」点後「引っ掛け」。
T.36：クレッシェンドおよびデクレッシェンドにともない「しゃくい」。
T.37〜38：各拍叩かずに「引っ掛け」の連続。T.38は「引っ掛け」連続＋クレッシェンド。
T.39：T.35と同じ。

● ── コーダ No. 2

T.40〜41：①「叩き」、点後「平均運動」、③「叩き」、点後「平均運動」。
T.42〜43：①「引っ掛け」、②「しゃくい」、③「引っ掛け」、④「しゃくい」かつ最後の $f\!f$ （T.44）に向かってつねにクレッシェンド。

● ── コーダ No. 3

T.44〜45： $f\!f$ による「叩き止め」。ここでのスタッカートは音を短く切るのではなく、「分離する」「際立たせる」の意味をもつ。したがって歯切れのよさは必要だが、むしろアクセントとして考えてよいだろう。
T.46：曲の最後を飾るフェルマータである。①で「叩き止め」した後も、指揮者の筋肉の力を抜くことなく持続させること。意識としては「音をしっかり保持する」こと。最後の音を終えるさいに、譜例28に挙げたブラームスの交響曲第1番の最後のページをイメージすると役立つことだろう。

全25曲のまとめ

　25曲全曲の楽曲分析および指揮の実践を終了するにあたり、1曲ごとのキーワードを記述しこの小論を閉じたい。こうしてあらためて曲目ごとに並列してみると、音楽の内容がいかにヴァラエティに富んでいるかがよくわかる。参考にしていただければさいわいである。

第1曲〈純真さ〉：in 2、保続音、アーメン終止、準固有和音の緊張感
第2曲〈アラベスク〉：エキゾティシズム、スラヴ民俗性、リゾルート
第3曲〈パストラーレ〉：クリスマス（キリストの降誕）、田園劇
第4曲〈小さな集い〉：ダクテュロスのリズム、ストーリー性、ルフトパウゼと音響効果
第5曲〈無邪気〉：移り気、バール形式、レガートとレジェーロ
第6曲〈進歩〉：アーティキュレーション・スラー、引っ掛けの連続
第7曲〈澄みきった流れ（清い流れ）〉：in 2、フレーズの読み方
第8曲〈優雅な人（優美）〉：バロックの装飾音（ターン）、旋律の骨格
第9曲〈狩り〉：ホルン5度、乗馬のリズム、ロンド形式（アラウンド・ハ長調）
第10曲〈やさしい花〉：2声のポリフォニー、アーティキュレーション・スラー、引っ掛けの連続
第11曲〈せきれい〉：アナペストのリズム、音程間隔による遠近法、バレエの情景
第12曲〈告別〉：in 2、アウフタクト、ラメント・バス的な下行定旋律
第13曲〈なぐさめ〉：in 2、さまよいと調の揺れ

第14曲〈シュタイアーの舞曲〉：オーストリア・シュタイアーマルク地方のレントラー、舞曲形式

第15曲〈バラード〉：不完全カデンツ、不気味なオクターヴ・ユニゾン

第16曲〈ひそかな嘆き〉：「もやもや」と「ドキドキ」、小さな感情の表現

第17曲〈おしゃべりな人〉：オペラの情景、コロラトゥーラと合唱コーダ

第18曲〈気がかり〉：不安の無窮動、不安の解決策は？

第19曲〈アヴェ・マリア〉：コラール書法、祈りのアーメン終止

第20曲〈タランテラ〉：ロンド形式、旋律の多様性、笛の音とギターの伴奏

第21曲〈天使の音楽〉：天使の合奏と合唱、in 4 または in 2

第22曲〈バルカローレ〉：出航の合図、舟唄のリズム（ヴェルディ）、波の波紋、水しぶき

第23曲〈帰還（再会）〉：ベートーヴェン《告別》へのオマージュ、馬車による再会

第24曲〈つばめ〉：羽ばたきとサンドウィッチ構造、フレーズ構成の遠近法

第25曲〈乗馬〉：全曲のまとめ、速足の運動、長いコーダ、アーメン終止をもちいての終結

おわりに

　ブルクミュラー《25の練習曲》を指揮法のテキストにして、レッスンを始めてから7年余りが経過した。その間ずっと、これをメソッドとしてまとめようと模索してきた。レッスンのおりに、指摘する内容がついつい似かよったものになってしまうときなど、「指揮のポイントを楽譜と図を使ってまとめた小さな本が書けたらなぁ」と思いつつ、アイディアがまとまらないままにレッスンは続いた。

　指揮法テキストとして使用している前著『学ぼう指揮法 Step by Step』の新版を2年前に出したさいには、ブルクミュラーの楽曲をあらたに数曲加えたのだが、1曲に費やせるページ数に限りがあり、内容は万全とはいえず、「もし書くなら25曲すべてについて過不足のないように書きたい」という思いが残った。しかし、1曲1曲は短いとはいえ、いざ25曲となるとなかなか踏ん切りがつかなかった。

　新版を上梓したのち、アルテスパブリッシングの木村元氏と折にふれて相談を重ねるなかで、徐々に構想がまとまっていった。昨夏、ザ・シンフォニーホールでの演奏のため大阪を訪れたおり、年上の友人安田寛氏（奈良教育大学名誉教授、音楽学）――本当は大先輩と書くべきであろうが、僭越ながらあえてこう書かせていただく――に書きかけの原稿を見てもらったさい、「おもしろい、好きなことを大いに書きなさい！」と勇気づけられ、「大丈夫、この調子で書いていこう」と得心できた。

　指揮法のレッスンにブルクミュラー作品をもちいることの有効性については、これまでのレッスンのなかで当初の想像を超える手ごたえを感じていた。その理由として第一に、日本のピアノ教育のなかでこの曲集の浸透度が高いことが挙げられる。ピアノを習ったことのある日本人ならば曲集についてほとんど誰でも知っているので、どこのレッスン現場に行っても、すぐにレッスンに取り

かかることができた。指揮のレッスンではつねに伴奏者をどうするかという問題が生じるが、ブルクミュラーなら伴奏者はシンフォニーとは違って1名ですむし、伴奏と指揮とを交代制で進めることでたがいに切磋琢磨(せっさたくま)することもでき、すこぶる効果的であった。

　シンフォニーをレッスンする場合、ピアノ連弾だと作品によっては弾くのがむずかしすぎて指揮を見ることができないことがままある。しかしブルクミュラーは弾くのがやさしいので指揮にじゅうぶん反応できるし、振る側もすぐに音楽の内容に入っていけるのだ。

　2つ目の理由は、なによりもその音楽の内容がすぐれていることだ。子どもには子どもなりの理解と技術の把握によって音楽ができ、大人にとっては技術を超えた音楽本来の味わいを感じとることができるというのが、彼の音楽の懐(ふところ)の深いところといえるだろう。

　レッスン中のちょっとしたルバートや間の取り方、音符の長さやニュアンスの違いによって、音楽全体の仕上がりがガラッと変化してしまうこともしばしばあった。指揮者は自分で音は出せないわけだから、自分の指揮によって「音楽が変わる」という実体験は何ものにも代えがたい宝物となるのだ。

　ピアノ教育の分野におけるブルクミュラーの揺るぎない立ち位置と同じように、これからは指揮の分野でも、シンフォニーのレッスンに入る前に、これら25曲のレパートリーを使って分析や音楽の様式感の基礎を学んでいけばよいと思う。

　3番目は、「意外にも」というべきなのかどうかわからないが、指揮法のテキストとしてブルクミュラーを使っている人が予想以上に多いのを知ったことだった。先生方に直接うかがったり人づてに聞いたりしたところ、音楽大学の指揮科を含め、さまざまなレッスン現場において、とくに入門者クラスなどでこの曲集がもちいられている事例が数多くあり、それはたいへんに心強いことだった。自分の方向性が誤っていないと再認識できた。

　レッスンのかたわらコツコツと書き進めてきたこの小さな本が、少しでも指揮を学ぶ若い人たちの役に立ってくれることがあればたいへんにうれしい。指揮を学ぶ人だけでなく、ピアノの学習者や先生方にも少なからず役に立てると

思う。さらにもうひとつ加えるならば、音楽愛好家の方々ににとっても、西洋音楽理解へのお手伝いになりうるのではないかと考えている。

　最後に、本書の完成までにお世話になった多くの人たちに感謝申し上げたい。
　数々の現場でブルクミュラーのレッスンを受講してくれたみなさん、伴奏者としていつも私をサポートしてくれている小田直弥君と川上健太郎君、少し書き進めるとすぐに人に見せて感想を聞きたがる私の悪癖にめげずに、下書きを読んでくださった東京学芸大学の同僚の先生方、構想に始まり編集から出版までを担当してくださったアルテスパブリッシングの木村元さん、指揮の複雑な図形のデザインや譜例を、毎回神業のように美しくまとめてくださったスタイルノートの冨山史真さん、大阪梅田の横丁のウナギの寝床のような居酒屋で「大いに書け！」と私を勇気づけ、序文を寄せてくださった安田寛さんに、深く感謝し御礼申し上げます。
　そして本書を、5年前に亡くなった母に捧げたい。

2018年　爽秋に
山 本 訓 久

参考文献表

●——楽曲分析、演奏解釈など理論書

青島広志『名曲の完成図——楽曲の分類から表現に導く』全音楽譜出版社、2013

G. W. クーパー、L. B. マイヤー（徳丸吉彦、北川純子訳）『新版 音楽のリズムと構造』音楽之友社、2001

熊田為宏『演奏のための楽曲分析法』音楽之友社、1974

P. クレストン（中川弘一郎訳）『リズムの原理』音楽之友社、1968

島岡譲『和声と楽式のアナリーゼ』音楽之友社、1964

島岡譲『和声のしくみ・楽曲のしくみ——4声体・キーボード・楽式・作曲を総合的に学ぶために』音楽之友社、2006

土田京子『和声法がさくさく理解できる本』ヤマハミュージックメディア、2017

西尾洋『応用楽典 楽譜の向こう側——独創的な演奏表現をめざして』音楽之友社、2014

P. ベーナリー（竹内ふみ子訳、吉田雅夫監修）『演奏のためのリズムと拍節』シンフォニア、1982

●——作曲家

柴田南雄『グスタフ・マーラー——現代音楽への道』岩波書店、1984／2010

W. デームリング（池上純一訳）『ベルリオーズとその時代』西村書店、1993

吉田秀和『マーラー』河出文庫、2011

●——演奏法

N. アーノンクール（那須田務、本多優之訳）『音楽は対話である——モンテヴェルディ・バッハ・モーツァルトを巡る考察』アカデミア・ミュージック、

1992

B. クイケン（越懸澤麻衣訳）『楽譜から音楽へ──バロック音楽の演奏法』道和書院、2018

E. & P. バトゥーラ＝スコダ（今井顕監修、堀朋平・西田紘子訳）『新版 モーツァルト　演奏法と解釈』音楽之友社、2016

L. モーツァルト（久保田慶一訳）『ヴァイオリン奏法［新訳版］』全音楽譜出版社、2017

●──音楽史など

岡田暁生『西洋音楽史──「クラシック」の黄昏』中公新書、2005

金澤正剛『中世音楽の精神史──グレゴリオ聖歌からルネサンス音楽へ』講談社選書メチエ、1998

D. J. グラウト／ C. V. パリスカ（戸口幸策・津上英輔・寺西基之共訳）『新西洋音楽史』音楽之友社、1998

村田千尋『西洋音楽史再入門』春秋社、2016

●──事項

C. アームストロング（小林朋則訳）『イスラームの歴史』中公新書、2017

新井政美『オスマン VS. ヨーロッパ』講談社選書メチエ、2002

川島重成＋茅野友子＋古澤ゆう子編『パストラル──牧歌の源流と展開』ピナケス出版、2013

A. M. マーニョ（和栗朱里訳）『ゴンドラの文化史』白水社、2010

山田雅啓『鳥の音楽館』出版：山田端、制作・音楽之友社、1996

●──指揮法

齋藤秀雄『指揮法教程』音楽之友社、1956

H. シェルヒェン（福田達夫訳）『指揮者の奥義』春秋社、2007

高階正光『指揮法入門』音楽之友社、1979

山本訓久『新版 学ぼう指揮法 Step by Step──わらべ歌からシンフォニーまで』アルテスパブリッシング、2016

●──ブルクミュラー関連

飯田有抄・前島美保『ブルクミュラー　25の不思議──なぜこんなにも愛されるのか』音楽之友社、2014

石黒須美・石黒美有『ブルクミュラー　25の練習曲──ロマン派の作品の指導法』別冊解説書付、ヤマハミュージックメディア、2016

鵜崎庚一『トレーニング オブ アナリーゼ──ブルクミュラー・25の練習曲編』カワイ出版、2010

木戸純子「標題音楽としての「ブルクミュラー25の練習曲」に関する美的一考察」、『下関短期大学紀要　第23号』(2005)

●──海外文献

Franz Werfel, *Verdi — Roman der Oper*, Paul Zsolnay Verlag, Berlin-Wien-Leipzig, 1924

●──楽譜

ブルクミュラー：25の練習曲集 op.100

◎初版

1）パリ初版：Benoit ainé, Graveur et Editeur de Musique, Paris, 1851

2）ドイツ初版：B. Schott's Söhne, Mainz, 1852

◎校訂版

1）A. Ruthardt 校訂：C. F. Peters, Leipzig, 1903

2）ウィーン原典版：種田直之校訂、音楽之友社、1990

◎普及版

ゼンオン・ピアノ・ライブラリー、全音楽譜出版社（発行年不詳）

●──音楽事典

『ニューグローヴ世界音楽事典』講談社、1994

U. ミヒェルス編（角倉一朗監修）『図解音楽事典』白水社、1989

●——**インターネット**

「みんなのブルクミュラー」、全日本ピアノ指導者協会（PTNA）ホームページ
　掲載：http://www.piano.or.jp/report/02soc/bma/2009/12/29_10056.html

山本訓久（やまもと・のりひさ）
愛知県蒲郡市に生まれる。
国立音楽大学卒業、東京藝術大学大学院音楽研究科修了（器楽：ユーフォニアム専攻）。
ウィーン音楽大学指揮科に学ぶ。指揮を U. ライオヴィッツ、山岡重信、高階正光、和声を新実徳英、古楽奏法についてスヴェン・ベリエル、ユーフォニアムを三浦徹、大石清、トロンボーンをカール・ヤイトラー（ウィーン・フィル）の各氏に学ぶ。
2002年に新しいコンセプトによる金管楽器のグループ「アンサンブル・ペガサス・トウキョウ」を結成し、これまでに国内での演奏会のほかにチェコ、ドイツ、オーストリア、ノルウェー、スウェーデンで数多くの音楽祭等に招かれ、公演をおこなっている。またヨーテボリ大学とオスロ音楽院では「古楽奏法」にかんする公開セミナーもおこなった。
2016年、新実徳英の《神はどこに？》A.E.59の吹奏楽版編曲をおこない、東京ウインド・シンフォニカ第5回演奏会にて初演。その編曲版を2018年に東京ハッスルコピーより出版。
著書に『新版 学ぼう指揮法 Step by Step』（アルテスパブリッシング）、CD に『A Flourish of Brass　ブラスの花束』（山本訓久指揮、アンサンブル・ペガサス・トウキョウ、Musica Residiva, Sweden）、『ホルスト：組曲第1番（原典版）ほか』（山本訓久指揮、東京ウインド・シンフォニカ、Cryston）などがある。
東京学芸大学教授、国立音楽大学講師、放送大学講師。東京ウインド・シンフォニカ音楽監督。

ブルクミュラーで指揮法入門

2018年12月20日　初版第1刷発行

著者…………山本訓久
　　　　　　© 2018 by Norihisa YAMAMOTO

発行者………鈴木 茂・木村 元

発行所………株式会社アルテスパブリッシング
　　　　　　〒155–0032 東京都世田谷区代沢 5–16–23–303
　　　　　　TEL 03–6805–2886 ｜ FAX 03–3411–7927
　　　　　　info@artespublishing.com

印刷・製本…太陽印刷工業株式会社
組版・浄書…株式会社スタイルノート
装丁…………庄子結香（カレラ）

ISBN978-4-86559-194-1 C1073　Printed in Japan

artespublishing.com

アルテスパブリッシング
ページをめくれば、音楽。

新版 学ぼう指揮法Step by Step　わらべ歌からシンフォニーまで　山本訓久
バトンテクニックの基礎から各種の編成、拍子、表現まで実践的に解説。「Believe」「明日へ」「重なり合う手と手」など学校で人気の合唱曲、「セビリャの理髪師」「展覧会の絵」など本格的なオーケストラ曲も収録した指揮法教程の新定番。コーラス、吹奏楽、オーケストラの指揮者・指導者必携！　装丁：奥野正次郎
A5判・並製（ビニールカバー装）・256頁／定価：本体2200円＋税／ISBN978-4-86559-137-8　C1073

〈新井鷗子の音楽劇台本シリーズ〉　おはなしクラシック　新井鷗子
①くるみ割り人形、ペール・ギュント、真夏の夜の夢 ほか
②カルメン、動物の謝肉祭、白鳥の湖 ほか
③魔法使いの弟子、コッペリア、マ・メール・ロワ、田園 ほか

あなたのコンサートが、発表会がステキに生まれ変わります！「語り付きクラシックコンサート」の台本で舞台をグレードアップ！　人気構成作家が創作し、プロの音楽家と語り手によって上演された大好評の音楽劇台本シリーズ。コンサートや学芸会はもちろん、アウトリーチ、発表会、読み聞かせにも！
A5判・並製・112〜120頁／定価：本体1600円＋税（全巻共通）　イラスト：ソリマチアキラ／装丁：野津明子
①ISBN978-4-86559-121-7　C1073／②ISBN978-4-86559-123-1　C1073／③ISBN:978-4-86559-128-6　C1073

新しい和声　理論と聴感覚の統合　林 達也
和声教育の新時代を拓く国際水準の教本が誕生！　初歩の学習から作曲の専門的な課程までを1冊に。西欧の伝統的な数字付き低音に立ち戻り、美しい音響を聴き取るための聴覚的訓練と歴史的な理論の統合をめざした、和声教本の決定版。東京藝術大学音楽学部（全専攻科）および同大学附属音楽高等学校の教科書に採用。
B5判・並製（ビニール装）・400頁／定価：本体3800円＋税／ISBN978-4-86559-120-0　C1073　装丁：桂川 潤

ケルビーニ 対位法とフーガ講座　ルイージ・ケルビーニ［著］／小鍛冶邦隆［訳］
パリ音楽院、英国王立音楽院で採用され、ヨーロッパ各国で数多くの音楽家が学んだ19世紀の大ベストセラー教科書、待望の邦訳。シューマンやショパンが研究し、ドビュッシーやラヴェルが学生時代に使用した「大作曲家のバイブル」。歴史的文献であるというだけでなく、現代の学習者にとっても「使える」テキスト。
B5判・並製・272頁／定価：本体3500円＋税／ISBN978-4-903951-64-5　C1073　装丁：下川雅敏

ドビュッシー ピアノ全作品演奏ハンドブック　中井正子
《アラベスク第1番》《月の光》をもっと美しく、《ゴリウォーグのケークウォーク》を楽しく弾くために──。ドビュッシーのピアノ曲全曲CDや校訂楽譜シリーズ、全曲演奏会で知られるピアニストが、独奏曲全77曲の演奏法と解釈を、譜例を多数用いてやさしく解説。演奏に役立つヒント満載！　装画：安田みつえ
A5判・並製・288頁／定価：本体2500円＋税／ISBN978-4-86559-114-9　C1073　装丁：白畠かおり

ベートーヴェン ピアノ・ソナタ全作品解説　〈叢書ビブリオムジカ〉　横原千史
少年時代の佳作《選帝侯ソナタ》を含む全35作品を、豊富な譜例とともに解説。ベートーヴェンがソナタ形式といかに向き合い、格闘し、完成させたか、そしてピアノ・ソナタがいかに彼自身の交響曲や弦楽四重奏曲の発想の源となっているかが、作曲年代順の構成により、説得力をもって伝わってくる。
A5判・並製・224頁／定価：本体2200円＋税／ISBN978-4-903951-73-7　C1073　装丁：折田 烈

「原典版」で弾きたい！ モーツァルトのピアノ・ソナタ　久元祐子
楽譜選びから演奏法まで

ウィーン原典版、ベーレンライター原典版、ヘンレ版……どんな特徴があるの？　どう使ったらいいの？　モーツァルト演奏・研究の第一人者が、ピアノ・ソナタ全18曲について、楽譜の選び方や形式、デュナーミク、アーティキュレーション、装飾法などの基礎知識、実演に役立つ演奏技術をていねいにレクチャー！
A5判・並製・176頁／定価：本体1800円＋税／ISBN978-4-903951-68-3　C1073　装丁：小嶋香織